LOS SUEÑOS Y USTED
Significados e interpretaciones

Los sueños y Usted 2da Edición.

© 2021 Autora: Ivania Alvarado

ISBN-13: 978-1-7375602-5-8

1ra Edición: Biblioteca Jurídica Diké 29/02/2004

Contenido

LOS SUEÑOS Y USTED 3
Contenido 5
Agradecimientos 9
Introducción 10
CAPITULO I 13
Los Sueños 13
    Significados e Incógnitas 14
    Sueños Recurrentes 15
    Sueños carentes de valor 16
    Pasos a seguir para la mejor manera de interpretar nuestros sueños 17
    ¿Cuáles son los mejores sueños? 20
    La mejor manera de interpretar y recordar nuestros sueños y mejores horas para hacerlo. 21
    Sueños Bíblicos 24
    Los sueños de José 25
    Un mismo sueño, diversos significados 29
Capítulo II 30
El Optimismo en los sueños 30

Como lograr un cambio de posición mediante la ayuda de los sueños..31

Como los sueños te pueden beneficiar en tu vida diaria. 33

Sueño negativo convertido a positivo 34

Cambiando el rumbo del sueño para que no te pase...36

Los niños también sueñan, cómo ayudarlos cuando tienen pesadillas y la importancia de compartir los sueños..37

Sueños que avecinan conflictos, problemas y chismes 41

Sueños de Advertencia 42

"Mensajes", Camino que llega a un tope y hay ...46

que devolverse o te quedas ahí. 46

Mensajes, sueños alentadores 47

Mensaje a través de los sueños que representan problemas con nuestra salud o la de otros 49

CAPITULO III..51

La Oscuridad y Pesadillas.....................................51

Sueños que en ocasiones significan muerte 55

Sueño con la muerte de alguien pero significa otra cosa 57

CAPITULO IV..61

Vivencias y deseos 61

Sueño del subconsciente relacionado a lo vivido, visto o escuchado 62

Sueños en pasado, presente y futurísticos 63

Sueño que refleja mejoría económica 65

Sueños con dinero 68

CAPITULO V 71

Fantasías, sexo, romance, besos en los sueños 71

Los sueños románticos ya sean besos o actos sexuales como un agarrón de mano nos enseñan a amar. 72

Sueño con un artista 74

Infidelidad en los sueños 76

Ver a tu rival 77

Diccionario de los sueños y su número de suerte.. 79

Letra A 80

Letra B 104

Letra C 112

Letra D 124

Letra E 130

Letra F 136

Letra G 142

Letra H 148

Letra: I	154
Letra J	160
Letra K	165
Letra L	168
Letra M	175
Letra N	181
Letra O	187
Letra P	192
Letra Q	198
Letra R	200
Letra S	206
Letra T	212
Letra U	217
Letra V	220
Letra W	224
Letra X	226
Letra Y	228
Letra Z	230
La Autora	233
Diario de los Sueños su utilidad	237

Agradecimientos

Dios, que me ha dado la oportunidad de expresar lo que llevo dentro.

Mis padres: José y María, quienes me enseñaron el amor y la bondad incondicional.

Mis hijos: Sophia, Stephanie, Alexander, ellos son mi inspiración todos los días.

Mis hermanos: Raquel y Armando. Su apoyo incondicional me mostró el camino de la verdad.

Una mención especial a todos aquellos que colaboraron y confiaron en mí, para la interpretación de sus sueños.

Introducción

Los sueños y sus interpretaciones han sido un tema que siempre ha impresionado o le ha dado gran curiosidad a la humanidad desde hace miles de años antes de Cristo, hasta hoy en día.
Sin importar el tipo de religión, cultura o nacionalidad a la que pertenezcamos, siempre nosotros queremos saber por qué soñamos y para que nos sirven los sueños. No importa si es un niño o anciano, todos soñamos.

Para muchos desde siglos antes de Cristo han sido revelaciones que no son más que manifestaciones de una verdad secreta y oculta.

¿Alguien nos envía estos mensajes?, ¿Quién es?, ¿Y por qué?, ¿Será nuestro subconsciente, deseos?, o " tal vez ¿vecinos del más allá"?

Escribo este libro con la intención de poder ayudar de una u otra manera a los lectores, a conseguir por sí mismos interpretar sus sueños y que compartan estas experiencias con amigos, familiares, o pareja, y sobre todo con sus hijos. Esta puede representar una excelente forma de tener algo en común con los hijos y poder darnos cuenta cuando nuestros niños están pasando por algún problema, ya sea en la escuela, si alguien los está molestando, se refleja con las pesadillas, o están en problemas de drogas.

Los Sueños y Usted

Sobre todo, en cambiar en algunos lectores la manera negativa que tenemos en interpretar nuestros sueños, ya que algunos dicen:
-Este es un sueño malo, feo, y no me gustó, no lo voy a interpretar.

Estas personas piensan que estos sueños al no gustarle, son de mala suerte contarlos o hacerles caso, porque creen que se cumplen.

En cierto punto tienen parte de razón, ya que lo que se desea en esta vida por lo general se cumple, pero al mismo tiempo, si se tiene una mente más amplia de las cosas y no tenemos temor de interpretar ese sueño, que te quitó el sueño, porque te impresionó tanto que no querías recordarlo, si lo confrontas, te ayudará a enfrentar y diferenciar lo real de lo irreal.

La mayoría de los sueños que no nos gustan son del tipo de sueño de "advertencia", por eso insisto en que se debe de interpretar para llegar al mensaje. En este libro menciono ciertos sueños de advertencia que al soñador no le gustaron, como uno de mis sueños cuanto tenía nueve años hasta el último que fue a los 19 años.

Era un sueño recurrente en el que veía a mi padre que se moría; si hubiera sido una persona que no quería sacarle lo positivo a todo lo que Dios me da, no hubiera entendido la importancia de este recurrente sueño.

Este sueño me ayudó a entender que yo, como la hija mayor, tenía que aprender de la vida para estar preparada para lo que venía, el sueño era la clave para resolver ese problema. Al final mi padre no se murió, pero sí hubo un cambio de 360 grados en la vida de la familia.

Luego de haber interpretado ese sueño que no te gustó, sacas lo positivo, arrojas lo negativo a la basura y sólo recolectas en tu mente lo que debes de hacer para que no te pase.

Estos tipos de sueños no son sólo advertencias, sino experiencias obtenidas sin tener que vivirlas en el mundo real para que te puedan servir, y al mismo tiempo son como una vacuna, para lo que se avecina, y no te de tan fuerte o te pase.

Otra de las cosas que quiero transmitirles en este libro, es que nosotros podemos manejar y controlar nuestro sueño hacia lo positivo, a nuestro favor, cambiando el rumbo de las cosas, convirtiendo un sueño feo/malo que no te guste en positivo.

Hago una referencia en este libro con ejemplos de sueños de personas que son analizados desde una óptica totalmente personal.

Por último, también debemos sacar provecho de nuestros propios sueños. Ha habido muchos escritores, inventores, empresarios, etc., que de los sueños han hecho dinero.

El psicólogo Carl Jung, decía a que cuando tenemos esos sueños, los cuales nunca se borran de nuestra mente, eran y son "Grandes Sueños", si aprendemos a apreciar el significado de éstos, son las "joyas más preciadas de la mina del alma".

CAPITULO I
Los Sueños

Significados e Incógnitas

Ivania Alvarado

¿Para qué nos sirven y por qué soñamos?

Todos los seres humanos soñamos, al igual que los animales, a diferencia de que estos y los humanos, la mayoría de las veces que soñamos entramos en la fase REM "siglas en inglés" Rapid Eye Movement, "movimiento rápido del ojo".

Toda la mayor parte de nuestros sueños, especialmente aquellos que recordamos, los cuales son más trascendentales entran en la fase REM. Todos necesitamos soñar y entrar en esta fase para ayudar al desarrollo y funcionamiento de nuestro cerebro.

Por lo general cuando dormidos entramos en esta fase, de dos a tres veces y cuando estamos en ella el corazón y el sistema circulatorio van más rápido, así como los sistemas neurales de todo el cerebro que llegan a producir intensas descargas de energía que aceleran el ritmo circulatorio, ya sea de los ojos y de todo el sistema nervioso, produciendo movimientos entrecortados.

Según los científicos en la materia, todos los seres humanos necesitamos entrar en la fase REM, que al mismo tiempo nos sirve como de reparación de nuestro sistema y juntar las ideas del día.

Los Sueños y Usted

¿Para qué nos sirven y por qué soñamos? Es la pregunta que nos hacemos al levantarnos, y todavía con tantas investigaciones, no han podido dar con la respuesta en la cual estemos todos de acuerdo. Lo cierto es que son como los rompecabezas, ya que tenemos que usar la cabeza e ir poniendo pieza por pieza para llegar al resultado o respuesta, ya que vienen por medio de mensajes.

Lo cierto es que hay que interpretarlos, porque si soñamos no debe de ser en balde, debe de tener una razón y la razón es el progreso y desarrollo de nosotros, lo necesitamos para el crecimiento y el enriquecimiento diario, para poder entender parte de la vida en nuestro mundo despierto, supuestamente cuando estamos conscientes.

Sueños Recurrentes

A los sueños recurrentes hay que hacerles un poco más de caso, ya que nos pueden estar señalando cosas importantes en nuestra vida, para ayudarnos a nuestra trascendencia, para decirnos algo que nos pueda beneficiar, nos están mandando un mensaje y no le estamos haciendo caso y es por eso que se refleja en diferentes repeticiones hasta que pasa o le ponemos atención.

Sueños carentes de valor

1. Sueños con personas, cosas o sucesos del cual escuchamos, vimos o vivimos recientemente.
2. Sueño que se da en las primeras horas cuando nos acostamos, ya que el cerebro está ocupado haciendo la digestión.
3. Pesadillas terribles debido a algo que vimos, leímos de un libro, dolor o algún asunto o preocupación que tengamos en nuestra mente.
4. Sueño que resulta de la mala postura al dormir, que estamos presionando algún órgano.
5. Sueños provocados por alguna enfermedad que padecemos o que se nos avecina.
6. Sueños causados por condiciones externas como ruido, frío, etc.
7. Sueños que resultan a causa de algún medicamento, drogas, mucha comida, no comer, o mala digestión.

Pasos a seguir para la mejor manera de interpretar nuestros sueños

Hay muchas maneras, pero una de ellas es dividir los sueños en diferentes partes, elementos, e irte hacia atrás e identificar cuál es nuestro deseo y qué deseamos hacer.

Los Sueños y Usted

Para comenzar, primero debemos de tener una libreta o diario a nuestro lado en la mesita de noche, el libro, un lápiz, una lámpara, un vaso con agua porque el agua siempre es uno de los minerales más ricos que existen y que nos ayuda para poder lavar nuestras propias energías.

Segundo, hay que hacer el esfuerzo mínimo de no abrir los ojos cuando nos levantamos, sino pensar en que fue lo que soñamos y recopilar todo lo que vivimos en el sueño desde el comienzo hasta el final, qué fue lo que sentimos y después de esa manera abrir los ojos lentamente hasta comenzar a escribir el sueño.

Es muy importante identificar que es lo que nosotros sentimos cuando nos despertarnos, ya sea un sueño bonito, feo, o un sueño que no te signifique nada importante, por ejemplo: Si nos levantamos, contento, triste, o angustiado.

Esto es una de las partes principales del sueño de lo que nosotros sentimos, porque eso nos va a ayudar a la interpretación, ya que lo que sentimos es nuestro sexto sentido, donde es nuestro tercer ojo que vieron y sintieron lo que tú no viste ni te recuerdas.

Ivania Alvarado

Cuando soñamos y nos despertamos, nunca recordamos el cien por ciento del sueño. Hay personas que pueden soñar con la muerte y no necesariamente se sienten mal al levantarse.

Hay sueños que son opuestos, si sueñas con la muerte, es vida, cambios drásticos en tu vida. Es muy importante recalcar lo que nosotros sentimos. También los colores que vemos, los objetos a medida que vamos escribiendo, identificar el sujeto, cual es la parte principal del sueño, el mensaje.

Lo vamos a hacer en base a identificar, que tenemos por hacer: ¿que significa cualquier objeto?, ya sea un árbol, una persona extraña, conocida, muerta, etc., no solamente identificar eso, porque es un conjunto de todas las cosas.

Nosotros nos vamos a dar cuenta cual realmente es la parte principal del sueño y para comenzar con eso hay que escribir qué nos impresionó, gustó o que nos desagradó del sueño; cómo nos levantamos, con qué sentimiento nos despertamos.

Posteriormente hay que dividir los sueños en colores, en los objetos que estamos viendo y de esa manera podemos analizarlos. Es muy importante identificar un sueño y analizarlo el mismo día; si uno no tiene tiempo

Los Sueños y Usted

el mismo día, no importa, pero lo importante es por lo menos tenerlos escritos, porque si no lo escribimos, después de varios días se nos va a olvidar.

Nuestra memoria va a juntar un sueño con el de otros días y de esta manera mezclamos el sueño y no vamos a poder saber cuál es de los tantos sueños el que tuvimos. Si tenemos un sueño, vamos a poner un ejemplo: en la madrugada y ese sueño nos hizo levantarnos, es importante que lo escribamos, no interpretarlo porque te puede quitar el sueño, pero sí escribirlo, o grabarlo, si tienen una grabadora y después cuando ya se levantan al día siguiente pueden interpretarlo.

Entre más temprano lo interpretemos mejor, y a medida que vamos haciéndolo tendremos más habilidad para interpretar un sueño, porque vamos a ir directo al objetivo. Sabemos lo que sentimos, quien es el sujeto, cuál es la parte primordial de nosotros, cuando nos referimos a interpretar los sueños.

Recuerda no todos los sueños son reales, a medida que los interpretas sabrás un poco más del tema.

Ivania Alvarado

¿Cuáles son los mejores sueños?

Esos ejercicios los cuales recomiendo son más avanzados, posteriormente desarrollare en algunos capítulos otros trabajos que servirán de referencia.

Para poder tener sueños más bonitos y agradables es importante tener la mente tranquila, perdonando a nuestros enemigos, deseando todo el bien posible a todo ser humano, no hacerle mal a nadie y siempre vamos a tener sueños preciosos. Siempre acostarse con la mente tranquila es de suma importancia para que las vibraciones del cosmos entren en tu habitación y la luz del universo te ilumine.

Hay personas que cuando leen de noche las hace soñar sobre el tema de la lectura o las puede influir en su sueño. Depende a veces de lo que nosotros estemos leyendo, en parte tienen razón.

Si vas a leer algo y no quieres tener sueños desagradables, lógicamente no deberías leer novelas de terror o ver películas similares, sino un libro neutral que no alterarte tu sistema nervioso, por eso es bueno tomar en cuenta los sueños que ya son de la madrugada para que el cerebro esté relajado y de esa manera puede funcionar mejor la interpretación del sueño.

Los Sueños y Usted

La mejor manera de interpretar y recordar nuestros sueños y mejores horas para hacerlo.

Les había dicho que entre la una-dos de la madrugada y las seis o siete de la mañana, que es cuando el cerebro, la mente, el cuerpo y el alma se conecta más a la parte espiritual, ya que está más descansado, entonces puede asimilar más las energías y poder de esa manera tener sueños más productivos, por ejemplo:

Los sueños al comienzo de la noche, pueden ser sueños vagos que podrían no tener ningún significado dado a que el cerebro todavía está ocupado con otros asuntos del cuerpo que son necesario para el funcionamiento del sistema nervioso.

Sueños en el cual tomamos alguna bebida alcohólica, droga, medicamento, comemos demasiado, estamos enfermos, alguna descomposición del cuerpo con la temperatura, ya sea una enfermedad leve, un sueño relacionado de algo que hablamos con alguien o te acostaste pensando en alguna cosa, no necesariamente.

Nos referimos cuando tienes un sueño relacionado a lo que estabas pensado se reflejara en tu sueño.

En esta ocasión cuando esté pasando por un suceso grande en tu vida y estás pensando en eso, lo que escuchaste, dijiste, soñaste, hiciste, y por ese motivo no se puede tomar en cuenta lo que se está soñando.

Hay otro tipo de personas que son más avanzadas en este tema, tienen la habilidad de acostarse y decir que quieren soñar con algo o alguien en particular que este en su presente o haya estado en su pasado.

Tú puedes desarrollarlo, soñar y pensar con lo que quieres o debes de hacer. Puedes programarte y ordenarle al subconsciente cuando te acuestes y hagas tus oraciones.

Primero piensas en lo que quieres programar, cuál será el mensaje que deseas enviar, hay que estar claro de lo que deseas pregunta.

Puede ser alguna meta, una realización deseada, de esa manera le preguntas a tu subconsciente que quieres soñar y así obtener la respuesta deseada, conectándote por medio de la telepatía con referencia a una persona en particular.

Podrás saber lo que quiere, si te desea hacer algún daño o qué está pensando referente a ti; si estás enamorado(a) de alguna persona en específico y quieres saber lo que siente por ti, puedes conectarte telepáticamente con el otro individuo(a).

Un ejercicio que da muy buenos resultados es: Si estás en tu cama totalmente relajado(a) y la persona que deseas enviarle el mensaje telepáticamente está durmiendo en ese momento y haces el esfuerzo mental de enfocarte, visualizando hacia ese ser, transmitiéndole la energía que desees enviar, puedes saber lo que esa persona está soñando o pensando.

Algunas personas sueñan con la casa de su infancia, de cuando eran niños en su país, esos son recuerdos bonitos de nuestro pasado que no queremos olvidar, esto nos ayuda a reparar emociones pasadas.

En esta parte del ejercicio el individuo necesita regresar a su infancia o inicio de la situación que le ha causado ese trauma o dolor y reparar lo que quedó inconcluso.

Lo que faltó por corregir; por eso es muy importante ir hacia atrás en nuestra propia mente y poder nosotros darnos cuenta qué nos faltó, qué necesitamos nosotros para podernos ayudar nosotros mismos.

Ivania Alvarado

Sueños Bíblicos

Hemos estado hablando sobre los sueños. ¿Qué son? Si son premoniciones, visiones, revelaciones. . . Lo cierto es que hasta en la Biblia se mencionan ciertos sueños bíblicos.

Encontraremos sueños en el viejo y nuevo Testamento. He aquí algunos de los sueños bíblicos más conocidos:

"Dios se aparece a Jacob en Bet-el. (Viejo Testamento Génesis 28:12-16) La visión que tuvo Jacob de la escalera hacia el cielo: *"y he aquí una escalera que estaba apoyada en tierra, y su extremo tocaba el cielo; y he aquí ángeles de Dios que subían y descendían por ella. Y he aquí, Jehová estaba en lo algo de ella, el cual dijo: Yo soy Jehová, el Dios de Abraham, tu padre y el Dios de Isaac: la tierra en que está acostado, te la daré a ti y a tu descendencia. Será tu descendencia, como el polvo de la tierra, y te extenderás al Occidente, al Oriente, al Norte y al Sur; y todas las familias de la tierra serán benditas en ti, y en tu simiente. He aquí, yo estoy contigo, y te guardará por donde quiera que fueres, y Volveré a traerte a esta tierra; porque no te dejaré hasta que haya hecho lo que te he dicho. Y despertó Jacob de su sueño, y dijo: Ciertamente Jehová está en este lugar, y yo no lo sabía"*.

Los Sueños y Usted

Los sueños de José

"José es vendido por sus hermanos". (Viejo Testamento - Génesis 37:3-11). Israel el padre quería más a José por ser el hijo menor, el que tuvo ya en su vejez. Sus hermanos mayores le tenían envidia por ser el preferido del padre. Inclusive Israel el padre, le hizo una túnica de diversos colores, especialmente a José y eso les desagradó más. José era un muchacho de diecisiete años que apacentaba las ovejas y tenía habilidad en que Dios le transmitía revelaciones a través de los sueños e interpretaciones. Tuvo dos sueños antes que sus hermanos primero trataron de matarlo y luego como no tuvieron el valor, lo vendieron a los Israelitas que lo llevarían como esclavo a Egipto.

Sueño: Oíd "he aquí que atábamos manojos en medio del campo y he aquí que mi manojo se levantaba y estaba derecho y que vuestros manojos estaban alrededor y se inclinaban al mío". Le respondieron sus hermanos: ¿Reinarás tú sobre nosotros? Y le aborrecieron aún más a causa de sus sueños y sus palabras.

Aún tuvo otro sueño y lo contó a sus hermanos y luego a su padre: "He aquí que el sol y la luna y once estrellas se inclinaban ante mi". El padre le respondió y le dijo: ¿Qué sueño es este que soñaste? ¿Acaso vendremos yo y tu madre y tus hermanos a postrarnos en tierra ante ti?

Y así fue luego que lo vendieron sus hermanos. Lo compró Potifar, un capitán de la guardia del Faraón e hizo su ciervo y tuvo problemas con la esposa de Potifar y lo encarcelaron.

José interpreta dos sueños. (Viejo Testamento: Génesis 40:8-22). Ya José en la cárcel conoce al Jefe de los Coperos del Faraón y al Jefe de los Panaderos. Les interpretó a cada uno sus sueños:

Ellos le dijeron: Hemos tenido un sueño y no hay quien lo interprete. Entonces les dijo José: ¿No son de Dios las interpretaciones? Contádmelo ahora. El Jefe de los Coperos dijo:

"Yo soñaba que veía una vid delante de mí, y en la vid, tres sarmientos y ella como que brotaba y arrojaba su flor, viniendo a madurar sus racimos de uvas. Y que la copa del Faraón estaba en mi mano y tomaba yo las uvas y las exprimía en la copa del Faraón, y daba yo la copa en mano de Faraón".

Y le dijo José: Los tres sarmientos son tres días. Al cabo de tres días levantará el Faraón tu cabeza y sustituirá a tu puesto, y darás la copa a Faraón en su mano como solías hacerlo cuando eras su copero.

Los Sueños y Usted

Acuérdate pues de mí cuando tengas ese bien, y te ruego que uses conmigo de misericordia y hagas mención de mí a Faraón, y me saques de esta casa.

Viendo el Jefe de los panaderos que había interpretado para bien, dijo a José:

"También yo soñé que veía tres canastillos blancos sobre mi cabeza. En el canastillo más alto había toda clase de manjares de pastelería para Faraón; y las aves las comían del canastillo de sobre mi cabeza".

José respondió: Las tres canastillas tres días son. Al cabo de tres días quitará Faraón tu cabeza de sobre ti, y te hará colgar en la horca, y las aves comerán tu carne de sobre ti:

José interpreta sueño de Faraón: (Viejo Testamento Génesis —41:15-28). Entonces Faraón dijo a José: "En mi sueño me parecía que estaba a la orilla del río; y que el río subía siete vacas de gruesas carnes y hermosa apariencia, que pasean en el prado, Y que otras siete vacas subían después de ellas, flacas y de muy fea apariencia, tan extenuadas, que no he visto otras semejantes en fealdad en toda la tierra de Egipto.

Y las vacas flacas y feas devoraban a las siete primeras vacas gordas y éstas entraban en sus entrañas, más no se conocía que hubiesen entrado, porque la apariencia de las flacas era aún mala, como al principio. Y yo desperté. Al día siguiente tuve otro sueño. También soñando que siete espigas crecían en una misma caña llenas y hermosas y que otras siete espigas menudas, marchitas, abatidas del viento solano, crecían después de ellas y las espigas menudas devoraban a las siete espigas hermosas".

José Responde: El sueño de Faraón es uno mismo: Dios ha mostrado a Faraón lo que va a hacer. Las siete vacas hermosas siete años son, y las espigas hermosas son siete años. El sueño es uno mismo. También las siete vacas flacas y feas que subían tras ellas son siete años y las siete espigas menudas y marchitas del viento, siete años serán de hambre.

Así como hemos leído acerca de las interpretaciones de los sueños bíblicos y otros se darán cuenta que los sueños son algo más que un simple sueño. Hay muchos otros ejemplos Bíblicos como el sueño de José acerca del nacimiento de Jesucristo (Nuevo Testamento San Mateo 1:18-21; 2:12-14, 19-21, 27:17-20). Y tantos otros sueños en los que Jehová se apareció a Moisés y a los profetas. De la Mujer de Pilatos que por revelaciones en sus sueños le rogaba a su esposo que salvara a Cristo y tantos más no solo Bíblicos pero sí históricos.

Los Sueños y Usted

¿Son en realidad proféticos los sueños? Háganse ustedes mismos su propio criterio y pregúntense así mismo en su yo interno y tendrán la respuesta.

Un mismo sueño, diversos significados

A veces cuando yo digo tal vez un mismo sueño puede significar varias cosas es porque un mismo sueño no significa lo mismo para todo el mundo, simple o sencillamente un sueño puede significar para varias personas diferentes cosas y por eso es que uno mismo se tiene que hacer la pregunta hacia ustedes, si están pasando por un problema en ese momento, por eso cuando digo si es un profesional a veces se refleja en su negocio o trabajo; si no es profesional y es una ama de casa se refleja en su familia por lo general y si es un muchacho joven entonces se refleja en su escuela, pueden reflejar ansiedades que ellos tienen igual si se ve este muchacho en la escuela haciendo un examen o si ve por ejemplo si son ansiedades que nosotros tenemos, nosotros no nos estamos dando cuenta que estamos pasando por un problema, entonces tú analiza el problema que estás pasando y te das cuenta como puedes solucionarlo.

Capítulo II

El Optimismo en los sueños

Los Sueños y Usted

Como lograr un cambio de posición mediante la ayuda de los sueños

Cuando hablamos del tema de los sueños, me gusta siempre incluir en mi libro algo positivo, algo que ustedes pueden decir: "voy a cambiar mi vida, a mejorarla, hacer mejor las cosas, a realizar mis sueños".

Mucha gente está equivocada pensando que tener éxito significa tener dinero; tener éxito significa realizar nuestros sueños, decir: "logré lo que tenía en mi mente, logré lo que estaba soñando". Por eso en mi libro de los sueños quiero también incluir un poco de positivismo, porque no quiero que sea solamente un diccionario de sueños, de cómo interpretar los sueños, también cómo tus sueños convertirlos y hacerlos positivos.

Como los sueños no solamente se quedan en escenas recuerdos e interpretaciones, se pueden realizar esos sueños que nos gustan, como aquel sueño que sentimos como decir "ese artista quisiera ser yo", pues puedes hacerlo, ¿por qué pensar que no? ; aquella gran modelo, ¿por qué no?; pensar en que nosotros podemos llegar a ser aquel gran escritor, porque nosotros podemos llegar a ser aquella persona que tiene éxito en sus negocios, ¿por qué no poder tener nosotros mismos nuestro propio negocio?

Para poder mejorar nuestra vidas y cambiar la manera que soñamos tenemos que hacernos un lavado de cerebro en el cual si queremos tener éxito en la vida tenemos que cambiar de adentro y creemos nosotros mismos que somos capaces de lograr lo que nos propongamos y por eso les he puesto este pequeño ejercicio que tienen que hacer todas las noches antes de acostarse:

1. Escribir sus metas en un papel (metas a largo y corto plazo). Pero sobre todo metas creíbles y capaces de hacer y qué debemos de hacer para llegar a ellas.

2. Leerlas en voz alta todas las noches antes de acostarse cuando rezas y meditas.

3. Luego te dices a ti mismo que vas a tener sueños más positivos y sobre todo sueños que te puedan ayudar en tu Vida diaria.

4. Así mismo cada sueño que tengas lo analizas y lo que no te gustó lo cambias a positivo, así como también hacerle preguntas a quien te sigue en los sueños o te quiere hacer algo le preguntas: ¿Por qué me sigues? ¿Qué mensaje tienes para mí? Y así sucesivamente, si todos los días hacemos este ejercicio comenzamos a creernos nosotros mismos que somos capaces de realizar cualquier cosa que nos

propongamos, y ya no tendrás miedo de contarle a todo el mundo tus sueños, porque estarás seguro que lo lograrás, lo más importante para la realización de nuestros sueños es primero creérselo uno mismo ya con eso habrás obtenido el 80% y sólo te faltan un 20% que es tomar acción. Así que repítanlo todas las noches y hagan su plan y comiencen a sacar provecho de cada sueño que tengas todas las noches.

Como los sueños te pueden beneficiar en tu vida diaria.

Beneficiándolo en el enriquecimiento y también en que no necesitas pasar por una experiencia cuando ya lo viviste dentro de un sueño. Si usted sueña algo y no le pareció, está bien, aprende de ese sueño la experiencia positiva para que no te pase. Mucha gente tiene un temor de descifrar los sueños que no les gusta, ya que creen que se harán realidad, "no es así". Si ustedes sueñan algo que no les gusta, no necesariamente les va a pasar; ustedes pueden decir que ese sueño no les pertenece a ustedes, que no es para ustedes, que no les va a pasar a ustedes ni a nadie de su familia ni a nadie que les rodea, ni a nadie de este planeta.

Así mismo los sueños te ayudarán a meditar en tu vida y tratar de poner en orden tus ideas. A lo mejor hiciste o dijiste algo que ofendiste a alguien y no te diste cuenta y a través de los sueños te encuentras en que en el sueño tú puedes ser esa persona y de esa manera te llegas a dar cuenta de tu error. También en el enriquecimiento de tus ideas como escritores, ya sea de telenovelas, o como comerciantes que se les revelan ideas de cómo manejar mejor su negocio.

Sueño negativo convertido a positivo

Con eso quiero decir que solamente vamos a tomar la parte positiva de los sueños que nos vayan a beneficiar, aquellos sueños que les pueda servir para obtener algún beneficio... ¡Ojo! no todos los sueños que no nos gustan significan que no sirvan, ya que todo en la vida tiene dos caras, una positiva y la otra negativa, de qué lado estás tú; con eso quiero decirles que todos los sueños tienen dos caras y por eso solamente vamos a sacar el lado positivo. Y es que yo quiero decirles la importancia que hasta de los sueños que no nos gustan nos puedan ayudar enseñándole al ser humano como podemos cambiar nuestra mentalidad, como podemos mejorar en base a los sueños, a la importancia de sacar con esas energías el máximo positivismo de nosotros en los sueños.

Sueños relacionados con accidentes a veces son avisos que debemos de poner más atención a lo que estamos haciendo, que tenemos que cambiar nuestra manera de hacer las cosas o de verlas dependiendo de cómo somos nosotros; por eso mismo es que un mismo sueño no significa lo mismo para todas las personas, por eso es que uno no necesariamente va a ir a lo textual sino a lo que es la interpretación y usar uno mismo su propio sexto sentido. Si hablamos por ejemplo de accidente tiene diferentes maneras de interpretarlo, si estás pasando por un proceso por algunos problemas puede reflejarse también en accidente la manera de los problemas que tenemos, si no estamos teniendo problema puede verse positivamente y podemos tomar en cuenta cosas que por estar un poco distraído y decir, bueno déjame llevar alguna herramienta especial para que no me pase eso y de esa manera poder estar preparado en la vida, no es que hay que pensar negativo, que nos va a pasar, pero sí hay que pensar en que debemos estar preparados ante cualquier acontecimiento, así como en los Estados Unidos, que es un país bastante preparado sucede, no necesariamente tenemos que pensar que nos van hacer la guerra, para tener un ejército. Sencillamente sí tenemos que tenerlos y estar preparados, por si llega a pasar algo. También accidentes pueden ser referente a que si tú viste alguno recientemente, ese es el subconsciente. Si una amistad sufrió un accidente también puede ser; si no es ninguna de esas cosas, puedes estar expuesto a algún accidente, puedes estar expuesto también de la otra manera, a pérdida de dinero mínima, no es una gran pérdida.

Cambiando el rumbo del sueño para que no te pase

Soñé la otra vez en la cual hasta me levanté en shock por lo que pasó en el sueño: "Iba yo en mi auto con mi hermana, sus dos hijos y mis dos hijas, ¿qué sucedió? Nos caímos por un puente. ¡Íbamos para Miami Beach y caímos del puente hacia el mar y estábamos casi al chocar con los botes de esos cruceros"; sucedió en el momento y al instante lo pensé! Me dije, Dios mío si hubiese tenido un aparato para quebrar el cristal, esto posiblemente no me estuviera pasando, lógicamente me iba a pasar pero yo en ese momento estaba pensando si este carro se hunde con la profundidad que está el agua, como vamos a salir de aquí con vida y eso es lo que me preocupó. Si no fuera positiva, como soy hubiese pensado que era un sueño malo y que no quiero que me vaya a pasar, y no lo pongo en mi mente y lo elimino. "NO" todo lo contrario, tomé ese sueño para usarlo positivamente trabajando hacia mí y mi familia y les he dicho: "ustedes saben que vivimos en la Florida, vivimos en un lugar donde estamos rodeados agua, mar, canales, lagos, etc., necesitamos todos tener un aparato para poder quebrar las ventanas dentro de nuestros carros, en las noticias por lo menos una vez al mes o a la semana se escucha que una persona cayó en el agua, canal, lago, y qué sucede con esa gente, se han ahogado algunos y otros han sobrevivido, pero que pasa si no tenemos la forma para quebrar los cristales en conjunto con un carseat-asiento de niño que flote y saque a nuestros niños sin una gota de agua en sus pulmones, que sea como las herramientas necesarias que están en el carro para cambiar una llanta, así tienen que estar todas estas cosas que en el sueño se me presentaron como una señal de necesidad, no sólo mía sino de todos. De este sueño le saqué el máximo positivismo y patente ese invento.

Los niños también sueñan, cómo ayudarlos cuando tienen pesadillas y la importancia de compartir los sueños.

Cuando somos niños, según los científicos en la materia, dicen que pasamos soñando la mayor parte del tiempo y luego cuando vamos creciendo van disminuyéndose los sueños que recordamos, y cuando envejecemos llegamos al punto que se nos olvidan la mayoría de los sueños.

Es importante explicarles a nuestros niños qué son las "pesadillas", ya que nadie está excepto y éstas atormentan a nuestros hijos. Si haces memoria y recuerdas tus tiempos de niño, más de alguna vez e despertó aterrado a consecuencia de una pesadilla, nuestros niños, si son muy pequeños y no se les explica no van a saber que no es real, hasta que llegan a los 7 años aproximadamente o más.

Ustedes se dan cuenta de inmediato cuando uno de nuestros hijos tiene una pesadilla. El niño se levanta de la cama gritando, llorando, asustado, y en muchas ocasiones se llegan incluso a meterse a nuestra cama y no quieren dormir solos. No cometas el error de dejarlos solos sin una explicación, ya que nuestros hijos aprenden de nosotros y si no les explicas van a tomar su propio juicio o el de otra persona a quien él o ella le pregunte y peor aún, se crían con temores e inseguridades.

También esas pesadillas o la manera de sueños que ellos tienen ya sean agradables o no, son el reflejo de lo que les está pasando.

Si hablamos y nos comunicamos con nuestros hijos, nos daremos cuenta de sus problemas, inquietudes, deseos, aspiraciones y temores. De esta manera podremos ayudarlos. Este es otro conducto de

Los Sueños y Usted

mantener comunicación con nuestros hijos y poder saber cómo ayudarlos en este mundo...

Como podemos explicárselo:

Diciéndoles que todos los seres de este mundo soñamos, ya sean los seres humanos como los animales, y que en ocasiones tenemos sueños desagradables, pero que no nos debemos de asustar, ya que es normal y eso que soñaste que no te gustó no es real ni te va a pasar a ti, ni a nadie de tu familia, ni a nadie de este planeta".

Le preguntas que te cuente su sueño o pesadilla para que el niño lo saque del sistema y se pueda relajar. Le explicas que si vuelve a tener un mal sueño que te busque, que siempre tú estarás allí para escucharlo.

Luego de eso enciendes una lamparita o pones a media luz tu cuarto o el del niño, y rezan una oración a Dios (a la religión que pertenezcan), esperas que se duerma y tendrá dulces sueños. Algunos niños prefieren dormir con un osito de peluche o muñeca(o), ya que esto les brinda seguridad, compañía.

Por lo general cuando uno pierde al padre o a la madre y especialmente más cuando se es todavía un niño quien necesita todavía del apoyo de los padres, se refleja mucho a través de los sueños como deseos y al mismo tiempo hay muchas incógnitas con este tema en el cual las personas muertas entran en nuestros sueños y no solamente una vez sino se repiten a menudo y hasta con consecutividad. Este era el caso de mi madre, que perdió a su padre cuando ella tenía 9 años de edad, su padre aparecía en sus sueños casi todos los días, al punto que su madre comenzó a preocuparse, ya que hasta se sentaba y platicaba con él, su madre la llegó a ver en varias ocasiones y ella se estaba poniendo cada vez más delgada y ojerosa. La gente de antes en ese tiempo le decían a mi abuela que su padre se la quería llevar.

Lo cierto es que no se sabe, sólo sé que su madre rezó mucho, la llevó a la Iglesia y la volvieron a bautizar. Tuvo un último sueño en ese tiempo de niña, en el cual "veía a su padre que estaba al otro lado del puente, ella quería cruzarlo para estar con su padre. Abajo estaba la bisabuela que fue quien la cuidaba de niña que también ya se había muerto. Debajo del puente había unas olas grandes y ella llevaba un pañuelo en su cabeza, ella, mi madre quería cruzar el puente y su padre le dijo que no podía Cruzarlo, él estaba con otra persona más, aparte de su bisabuela, una persona que no conocía, pero según las descripciones era de la familia, ella aun así seguía caminando por el puente sin hacerle caso a su padre y él le dijo "esta será la última vez que nos veremos" y mi madre seguía tratando de cruzar el puente, fue cuando su padre con una voz fuerte y autoritaria le dijo que no y que se regresara, que éste todavía no era el lugar para ella...

Sueño: "Niña de unos 5 años que tiene un sueño muy agradable y se levanta por la mañana contenta a contarles el sueño a sus padres: "¡Papa, mamá, soñé con "Santa Claus", que me traía muchos juguetes, hablé con Él, lo vi!"

Respuesta: Este tipo de sueño en el cual expresan felicidad, es común en los niños cuando no tienen nada que los atormente, son sueños sencillos y muchas veces se reflejan del subconsciente como de seo. Se tiene especialmente en el mes de diciembre o cerca a este mes por lo que ellos ven, escuchan y desean.

Sueños que avecinan conflictos, problemas y chismes

Sueño: "Estaba alguien arriba y había un puente por debajo; veía un canal, estaba sucia el agua, entonces vio pasar dos cocodrilos. Pero los vio de arriba, pasaron y se fueron. Eso era bueno, porque los vio pasar y se fueron. El problema se iba a avecinar, iban a ser dos problemas que se iban a solucionar porque los estaba viendo de arriba, lo estaba viendo de un ángulo del cual está pasando con la cabeza". Si esa persona solucionó su problema, le dije que se analizara, que viera cuales eran esos dos problemas, posiblemente eran de su trabajo, le hago preguntas sobre en qué trabaja, por menores, para llegar hacia donde venía el problema y pude ayudar a esa persona.

Sueños de Advertencia

Son aquellos sueños en los cuales nos revelan mensajes, problemas en el futuro o al mismo tiempo en el presente, nos daremos cuenta a medida que estudiamos sobre el tema, cuando es que son sueños de advertencia.

Por lo general son el tipo de sueños que yo les llamo "vacuna", o sea, que es como la vacuna de la viruela, el sarampión o la gripe que no son para que no te de la enfermedad, pero sí para que te dé más leve y así estar preparados con soluciones, respuestas, y que en ocasiones sí sabemos descifrar bien el mensaje, lo podemos obviar, o sea, que no nos llegue a pasar.

Este es el sueño de María, que tienen un negocio y es relacionado a su trabajo:

Los Sueños y Usted

Sueño: "Estoy dormida y sueño que venían dos personas que decían que eran auditores y venían a auditar mi negocio, a revisarme todo.

En el sueño me asuste, porque uno siempre se asusta cuando lo van a auditar; el caso es que veo en el sueño como que todo iba tan rápido que al mismo tiempo me doy cuenta que iba a perder mi negocio, por la manera que lo estaba manejando y en el sueño sentía como una voz interna que me decía que debía de ahorrar y de no seguir derrochando el dinero en cosas innecesarias, así como abrir otro negocio y salirme de éste. Luego como que me desperté, pero seguía dormida y fui a decirle a mi socio que nos iban a auditar y cuando se lo iba a decir, ya los auditores estaban en la puerta de la oficina".

Respuesta: Esta persona vino a mí con una urgencia ese mismo día, y le dije: Ese tipo de sueño es del tipo de "advertencia". Eres muy afortunada en que el sueño se te reveló muy claro de cómo van a pasar las cosas, al mismo tiempo te está dando la respuesta, tienes que seguir al pie de la letra lo que el sueño te dice. Ve y retírate de la compañía, véndele tus acciones a tu socio, abre otra y mira otras opciones, también refleja aquí la preocupación de que has estado ganando mucho dinero y no has ahorrado nada, tienes que cambiar o quedaras en la calle.

María me llamó a la semana siguiente y me informó que sí la llamaron por teléfono para hacerle una auditoría a su oficina, se quedaron por una semana en ella.

Qué nos quiere decir esto: el sueño de María es uno de los tantos sueños de advertencia que si uno lo ve y le saca lo positivo terminan bien, que bueno que María me consultó, ya que la pude guiar y hacerle una lista de cosas que ella debía de hacer con su socio para salir bien de todo.

María me llamó seis meses después; tiene un negocio nuevo, cerró el anterior, la auditoría no fue muy bien, pero salió bien al final, dejo al socio y ahora está ahorrando.

¿Quién nos manda estos mensajes de advertencia y por qué?

Qué pasa si María hubiese sido negativa, hubiese dicho: ¡Oh! este es un sueño negativo, malo y ¿no le saca el máximo beneficio? Hubiera seguido su vida igual y hubiera perdido de todas maneras su negocio, sin estar preparada para abrir otro antes de la resolución de la auditoría...

Los Sueños y Usted

Este es el sueño de Fernando, un joven soltero que vivía en Colombia y trabajaba en una ciudad muy alejada y muy pobre, ahí por las montañas. Él era el administrador de una de las fincas de esa región e iba a trabajar ahí porque le pagaban muy bien. Un día tuvo un sueño que lo impresionó tanto que le cambió su vida.

Sueño: "Voy con un primo mío, caminando hasta el río, nos montamos en una lancha, ya que, eso era parte de nuestro trabajo para transportarnos de un lugar a otro, de repente como que nos accidentamos y nos morimos. Luego ya me veo en mi propio funeral, cuando estaba dentro del ataúd, como que mi espíritu se levanta y veo que me están velando, me impresionó tanto que me desperté inmediatamente".

Eso era por la mañana bien temprano antes de irme al trabajo y en esa semana yo tenía que coger la lancha y cruzar el río.

Este joven Fernando no me consulta el sueño en ese momento, ya que yo no lo conocía, pero sí me lo comentó doce años después, ya ahora tiene una esposa y dos niñas y además viven en Miami.

Fernando aterrado con el sueño fue a su trabajo y decidió renunciar ese mismo día y le dijo a su jefe que le iba a entrenar a la persona que tenía para esa posición, pero que se iba esa misma semana, no más entrenara a la persona, pero que ya no le podía trabajar, que se iba, inclusive de la provincia.

Parece un cuento, pero así sucedió, él se fue esa misma semana, entrenó por dos o tres días a una persona que ya trabajaba ahí en la finca y se marchó. A la semana él recibe una llamada que su primo que también trabajaba ahí en la finca y la persona que él había entrenado para su posición, se montaron en una lancha y que no volvieron a aparecer, no había rastros de ellos, se habían desaparecido, y hasta hoy, doce años después no sabe de ellos.

Bueno, así sucesivamente hay muchos casos y me imagino que ustedes deben de saber por sus propias experiencias o las de otros que por los sueños se nos revelan muchas cosas y acontecimientos, ya sean del tipo de advertencia como de otros tipos. La clave es buscarle a todo el lado bueno y positivo.

"Mensajes", Camino que llega a un tope y hay que devolverse o te quedas ahí.

Cuando te encuentras que hay un sólo camino y no hay otro camino más, llegas hasta el tope del camino y dices: llegue al final y ahora ¿qué hago?, bueno eso significa que te das cuenta y reflexionas y dice (el

Los Sueños y Usted

soñador) ¿qué hago? O me quedo aquí parado o regreso, se da cuenta el soñador de que tiene que regresar cuando tú te despiertas y dices ¿qué significa esto? Bueno significa que algo que estábamos haciendo anteriormente nos estaba dando resultado y hoy en día lo dejamos de hacer, quiere decir que tenemos que volver, regresarnos por dónde veníamos, tenemos que hacer lo que estábamos haciendo antes, lo que nos estaba dando dinero, eso es, tenemos que actuar con inteligencia. Tenemos que regresar, a veces no nos gusta ir hacia atrás, pero hay circunstancias en nuestras vidas que tenemos que hacerlo y que son positivas como cuando abrimos un negocio, comenzamos con aquel entusiasmo, aquella energía y de repente el negocio ya no nos va igual, comenzamos a trabajar menos, iniciamos a despreocuparnos un poco del negocio, ¿que sucede?, hemos ido dejando de hacer las cosas que antes eran importantes porque en ese momento no teníamos el dinero para pagarle a alguien, pero hoy en día ya tenemos para pagarle a alguien, entonces de esa manera a veces nos ha venido a perjudicar en el aspecto que después nos conformamos y nos confiamos, tenemos que volver hacia atrás porque ese era el método como nosotros controlábamos nuestro negocio.

Mensajes, sueños alentadores

Hablando de otro tipo de sueño, podemos hablar de los sueños futurísticos, por ejemplo en el cual nosotros vemos el sol; hubo un sueño de alguien que me gustó mucho.

Sueño: "Estoy mirando hacia el cielo y veo un hermoso sol con los rayos que bajaban y el cielo cubierto por las nubes oscuras, como que venía una tempestad, una gran tormenta, pero cuando miro hacia el cielo por lo menos miro el sol y los rayos de luz del sol, le dieron una gran tranquilidad y me sentí confortable".

Cuando me consultó esa persona, yo le dije: Últimamente estás pasando por algunas dificultades, le respondo, tus problemas se van a solucionar, ya que a las dificultades vas a encontrar las salidas, después de la tormenta viene la calma.

Por eso cuando hablamos que después de la tormenta viene la calma hasta en los propios sueños también se refleja que si ves el sol aunque todo esté cubierto, entonces refleja que sí hay una esperanza, que sí hay una puerta para poder pasar y las personas que normalmente cuando ven eso están en dificultad, sí van a encontrar la solución de esta adversidad si hacen un poco de memoria y se ponen a pensar en como solucionar el problema en que están, de esa manera van a encontrar la solución a todos sus complicaciones.

Así como sueños relacionados con entrar a un valle, y sales, sí, vas a salir así de cualquier dificultad que estés pasando y si no estás en ninguna adversidad pueden proyectarse ciertos conflictos por pocos que sean, pero se avecinan, también como digo siempre, va a depender si es una persona profesional, si es una persona que está trabajando en algo de negocio va a ser relacionado a su trabajo, si es mujer puede estar relacionado a la familia, si es hombre, como dije, en el trabajo, si es un niño, en la escuela, así sucesivamente, todo depende a qué nos estamos dedicando; si eres un artista, cantante, va relacionado a alguna obra teatral que estemos haciendo, algún proyecto que estas realizando, también refleja la naturaleza, refleja de que quieres vivir dentro de la naturaleza, tiene que ver también si es una persona muy naturalista, que le encanta eso, irradia nada más el encanto de lo que es la belleza natural, no refleja en ningún momento algún problema.

Mensaje a través de los sueños que representan problemas con nuestra salud o la de otros

Hay otras ciencias como los Hindús, los Chinos, que ven los sueños en base a la interpretación de la salud.

Referente a asfixia algunas personas cuando están en el sueño siente que no respiran, las están asfixiando, estrangulando, ahogando, o que las ahorcan. Estos son sueños que representan que la persona tiene problemas respiratorios, puede padecer de asma, también aquellos de los cuales en el sueño te ves que te ahogas que te estás ahogando, entonces también es parte de ver la salud relacionada con lo que es asma. Si sientes que te sumerges dentro del mar y no puedes salir son problemas relacionados a la mente, ya que el mar, el agua es como nuestro subconsciente, como nuestro cerebro en ciertos puntos, puede estar relacionado con la locura, problemas psicológicos que estamos pasando, ya sea nosotros o alguien que conocemos o de nuestra familia. Cuando tenemos alta temperatura, se refleja con monstruos, con pesadillas.

Si en el sueño nos sentimos como que tenemos parálisis o no podemos movernos, o cualquier parte de nuestro cuerpo se paraliza, se relaciona al sistema circulatorio, no estamos teniendo buena circulación y necesitamos cuidar nuestra alimentación y hacer ejercicio.

CAPITULO III

La Oscuridad y Pesadillas

Ivania Alvarado

La otra vez me comentaba una persona acerca de que siempre tenía unas pesadillas, que lo seguían unos monstruos. ¿Por qué tengo ese tipo de pesadilla? Entonces yo le pregunté: ¿Bueno, te molestan? No, no me molestan, al principio sí me molestaban, pero ya me acostumbre a que siempre sueño con monstruos, no es a menudo pero cada cierto tiempo determinado de mi vida, sueño con monstruos que me persiguen; le pregunto, ¿a ti te gusta ver las películas de terror? Sí, me encanta ver películas de miedo. ¡Bueno! Uno de los factores por el cual la gente tiene pesadillas, es por lo que vemos, por lo que nuestros ojos captan, lo que escuchamos. ¿Por qué hice esa pregunta? Porque vi que era una persona centrada, la miré que no es una persona que anda en drogas, que no está enferma, en cambio la noté contenta, alegre, feliz, que es raro que una persona tan positiva como esa, con la que yo estaba hablando, pudiera tener ese tipo de sueños, consecuencia a que le encanta ver películas de terror y de esa manera se refleja en sus sueños. Si quieres tener sueños más tranquilos bonitos, más relajados que te puedan servir esos sueños para usarlos en tu vida diaria, como implementarlos en el progreso tuyo personal, no veas películas de terror, ahora si no te molestan, puedes seguir viendo esa clase de películas, pero ya sabes que vas a tener parte de lo que usted captó, vio, sintió y miró; lógicamente lo va a llevar a los sueños. Si usted es del tipo de persona que le aterra tener pesadillas, entonces no las vea, y si las va a ver, hágase después un lavado de cerebro, después cuando usted llegue a su casa o cama antes de dormir, reza, le pide a Dios y a los ángeles, a la religión a la que usted pertenezca que le quite esos malos pensamientos de su mente, y usted va a soñar cosas hermosas y se va a levantar recordando sus sueños. Un sueño tierno, un sueño de paz y tranquilidad un sueño positivo, si sigue teniendo pesadillas, no continúe viendo películas de miedo.

También se tienen pesadillas si se ha ingerido alcohol, drogas, o cuando estamos enfermos. Si usted está a lo mejor teniendo calentura, en el momento va a reflejarse en una pesadilla, a veces las pesadillas las persecuciones o cosas similares pueden ser cuando la persona está teniendo fiebre o temperatura alta. También las pesadillas se pueden tener por mucha comida antes de dormimos, por no comer, por algún medicamento, alguna dolencia como un dolor de muela, de cabeza, depende que parte de nuestro cuerpo, se reflejan en las pesadillas.

Dentro de las mismas pesadillas cuando sentimos dolor también puede ser que alguna parte de nuestro cuerpo está siendo presionada, a veces nosotros estamos dormidos y sin querer estamos en una posición en la cual se nos duerme un brazo, una pierna, estamos en mala posición y el cuerpo lo siente, es como una alarma, sientes un dolor cuando te da dolor de muelas, un diente, también puedes perder los dientes (es que posiblemente tienes una carie). Bueno, no solamente las pesadillas se expresan por alguna dolencia, mala postura o por lo que tomamos, etc. sino a problemas psicológicos como la teoría de Sigmund Freud, para quien el sueño era una expresión de deseos inconscientes, la pesadilla expresaba un conflicto psíquico intenso que pujaba por salir a la luz, pero que la conciencia interpretaba como una amenaza para su equilibrio.

Para otras culturas como los occidentales son solamente malos sueños. Mientras que para otras culturas son anuncio de problemas, conflictos, anuncio de sucesos negativos que se avecinan y para las sociedades primitivas como visitas nocturnas de los malos espíritus. También hay tipos de medicamentos como para el corazón, presión alta y mal de Parkinson entre otros, que producen pesadillas. Sin duda hay muchas teorías y muchas son las incógnitas, lo cierto es que debemos de aprender a vivir con ellas y tratar de evitarlas.

Los Sueños y Usted

Sueños que en ocasiones significan muerte

Si hablamos de pérdida de dientes, muchas personas tienen diferentes teorías y significados. Por eso es muy importante hacer preguntas, e ir hacia atrás cuando estás interpretando un sueño a una persona. Si alguien me dice, mira se me cayeron unos dientes de adelante o todos los de adelante; ¿te dolió? Le pregunto. ¡No me dolió! Normalmente los dientes de adelante significan la familia más cercana a uno, determina que podría alguien de tu familia estar enfermo o que alguien de tu familia pueda pasar a mejor vida, mas no necesariamente. También puede ser respecto a la salud interior del durmiente o de alguien muy cercano que esté enfermo. Ojo, ponerle mente a nuestra salud, poner atención a como estamos comiendo, y llevando nuestra vida. Si no le dolió significa que es muy difícil que sea la muerte de alguien porque los dientes de adelante son la familia más cercana las muelas son los abuelos, pueden ser tíos lejanos o tíos cercanos, también dependiendo del tipo de relación que tengamos, con primos, familia, etc. Un bisabuelo o tatarabuelo. Y si te duele te va a doler esa persona, "por eso es muy importante" si no duele es lejano, si lastima es alguien cercano a nosotros. Si no duele y son los dientes de adelante es más que todo con la salud.

Ivania Alvarado

Sueño: Estoy en mi cama y me levanto un poco asustada, ya que me doy cuenta que se me cayo mi muela postiza o sea mi corona, trato de ponérmela y cada vez que me la pongo me lastima, pero al final me la puse aunque me doliera.

Respuesta: Es relacionado a un familiar, pariente un poco lejano o en segundo grado de la familia, al parecer esta persona está bastante enferma y lo más probable es que pasará a mejor vida su muerte te tomará de sorpresa y los sentirás. Ahora cuando se trata de muelas postizas, son aquellas muelas que tal vez tenemos un root canal, coronas, postes, y se nos cae, tratas de ponerlo en su lugar y pegarlo sentimos un poco de dolor, puede ser alguien una familia política que está pasando por una dificultad, puede estar enferma y/o puede también como les dije no me gusta tocar ese tema pero estar relacionado a que va a mejor vida. Hay gente que le tiene terror, a pensar que vamos a ir a mejor vida. Creo que todos nosotros los seres humanos debemos de pensar y ver que vamos a mejor vida porque desde que llegamos a esta tierra, que Dios nos ha traído, ya sabemos todos que nos vamos a ir.

Según como nosotros llevemos nuestra vida va a ser mejor la que vamos a llevar. Por eso es importante pensar y hacer dos cosas que parecen iguales, pero son distintas. Muchos de nosotros decimos, "Hoy quisiera hacer, donar, ayudar", pero no lo hacemos. Pues es importante hacerlo, también eso es parte de los sueños, las realizaciones.

Es importante siempre dar, todos tenemos que pensar que si queremos recibir, tenemos que dar. Pero no hacer lo como una obligación, hacerlo porque nos nace. Es importante crear el hábito, crear el hábito en nuestro niños de regalar, no botar, de ayudar en su iglesia, de hacer buenas obras, que si alguien te hace un mal, no hay que vengarse. Es importante usar ese método de la suma, resta, multiplicación y división. Dios esta hasta en la matemática, porque si nosotros hacemos un bien nos va a ir bien, si hacemos un mal, se va a restar lo que tenemos, vamos a perder algo de nosotros. Es tan importante hacer el bien, y si alguien te hace el mal, y tu le regresas para atrás con un bien a esa misma persona, va a ser multiplicado tu beneficio.

Sueño con la muerte de alguien pero significa otra cosa

Cuando yo era niña recuerdo que siempre tenía un sueño "recurrente" que no me gustaba. A veces me gusta dar estos ejemplos porque los niños también tienen sueños. También es importante que piensen que no necesariamente los sueños que no les gusten es un sueño malo. Yo desde que era una niña y tenía como unos 9 años siempre tenía un sueño recurrente. No era que se repetía todos los meses, pero sí, cada año, cada dos años, cada cierto tiempo. "Era un sueño en el cual yo miraba a mi padre que se iba a morir". Nunca lo vi muerto en sí, sino como que yo suponía, sentía o veía, no me recuerdo muy bien ya, pero sí me recuerdo yo soñaba que se moría mi padre. Nunca me dio miedo, ni terror pensar en que mi padre se iba morir, a pesar que yo era la hija mayor, un hermano y una hermana menores que yo, al principio cuando tenía nueve años lo mire como puede ser que si, puede ser que no, cuando el sueño se fue repitiendo a los 11 años. Cada vez que lo soñaba lo sentía más real, y llegué a la conclusión que realmente iba a pasar, entonces yo me prepare mentalmente, "bueno, si es lo que Dios quiere, pues, eso es lo que será". Lo único que yo tenía que hacer, era prepararme en la vida, lo que a mí me preocupaba en ese momento ¿si a mi padre le pasa eso, que va a pasar con nosotros? Si mis hermanos son más pequeños, mi mamá hasta cierto punto dependía de mi padre, y en ese tiempo, mi madre no trabajaba, yo tenía como unos 10-11 años y fue así entonces que me cogió como una obsesión por aprender de la vida de cómo se gana el dinero y como convencer a mi padre a que hiciera su propio negocio por si acaso pasara, estar preparados poder sentir que yo me podía ganar la vida por mí misma, llegué a la

Los Sueños y Usted

conclusión que tenía que convencer a mi padre para poder decirle, es el momento en el cual tenemos que hacer un negocio. Yo pensaba y analizaba que negocio de esto o aquello. Yo recuerdo que a mi madre no le parecía mucho la idea, porque a lo mejor me miraba muy niña y que no sabía lo que decía. Lo que sucede es que yo nunca les dije a mis padres en ese momento por qué era que yo tenía esa necesidad de que mi padre pusiera un negocio.

Fueron pasando los años y volvía con lo mismo porque yo volvía a soñar, un día mi padre me preguntó "¿Hija porque es que tu quieres que yo ponga un negocio?" Yo le respondí, bueno papá actualmente le trabajas a alguien, si el día de mañana tú te mueres de que vamos a vivir nosotros si tú estás trabajando para enriquecer a otros, porque tú no trabajas para ti mismo y nosotros. ¿Por qué no hacemos algo que nos sirva para nosotros en el futuro? Me dijo después de oírme, tienes razón; pero hasta ahí llego. Y luego fueron pasando los años, y a los 14 años volví otra vez a soñar y me dije, bueno yo tengo que ponerme a hacer algo, antes de eso ponía ventas de helados, ventas de queso que allá hay muchas fincas, mi padre me conseguía los quesos para yo poder venderlos desde la casa. Pero al final de todo mi padre terminó eliminado todos mis negocios, asimismo trabajé ayudando en la Cruz Roja para adquirir experiencia.

Ivania Alvarado

Mi padre decía que cuando los hijos trabajan es cuando los padres no los pueden mantener. Muchas de nosotros que estamos en una posición económica estable podemos decir, "yo no necesito que mis hijos trabajen". "Yo no necesito que mi esposa trabaje", y se sienten orgullosos de decir eso. Creo que no es para todo el mundo, no todas las personas los hace feliz lo mismo. Yo decía: "Quiero trabajar cuando necesite trabajar en lo que a mí me guste. Yo quería trabajar para poder coger experiencia y cuando fuera el momento estar preparada, por eso es importante que si ustedes ven aquellos niños que a lo mejor tienen esas actitudes no los desalienten, de esa manera podemos ayudar más a nuestros hijos a crecer y poder realizarse, ya que a veces esas ilusiones de nuestros hijos se pueden ir si ustedes no saben implementarles a sus hijos ese positivismo.

CAPITULO IV
Vivencias y deseos

Ivania Alvarado

Sueño del subconsciente relacionado a lo vivido, visto o escuchado

Estaba en un consultorio dental y la asistente dental me comentaba su sueño para que se lo interpretara:

Sueño: "Soñé que estaba en mi apartamento me asomé por la ventana del balcón que desde allí se ve el parqueo de los carros y veo que alguien se quiere robar mi carro, yo de inmediato llamo a la policía, llegó la policía y me hicieron un reporte de que el carro me lo habían robado. Luego me desperté inmediatamente".

Le respondí: Este tipo de sueño me luce que es del tipo de sueño del subconsciente, son dos cosas, o estás envuelta con alguien que ha estado en algún accidente o le han robado su carro, así textualmente, o vas a perder dinero, quiere decir vas gastar dinero en algo o a alguien le pasó algo. Sí, efectivamente mi hermana choco y tuvo un accidente; entonces eso es tu subconsciente que esta trayéndote ese mensaje a tu mente por lo que estás viviendo, escuchando o haciendo. Lo vuelves a vivir en el sueño. Por eso es muy importante para la interpretación de los sueños saber por lo que estamos pasando, el suceso que estamos viviendo para poderse interpretar mejor y saber hacía donde es que va esa interpretación; de esa manera nos puede ayudar más a nuestra interpretación. "Yo le dije inclusive, te está tocando a ti ayudar a tu hermana"; y efectivamente ella le está ayudando.

Sueños en pasado, presente y futurísticos

Sueños que van a lo mejor a verse, o que van a pasar a largo plazo. Yo por ejemplo he tenido sueños que se han realizado en 10 o 20 años después uno dice hace tiempo que yo lo soñé, y otros sueños a lo mejor se sueñan el mismo día, a medida que uno va aprendiendo a identificar tu mismo los sueños te vas dando cuenta. Con los sueños respecto al pasado, eso nos puede servir para reparar ciertas heridas, cosas que nos han pasado o hemos vivido y el cual podemos nosotros reparar, a lo mejor algo que nos hacia daño volverlo a vivir como que estamos allí, nos puede servir recuperándonos de ese problema que teníamos e ir sanando esa herida. También se reflejan en esas personas que no tuvieron infancia tienen sueños cuando ellos eran niños, se ven en la casa donde ellos vivían; son probablemente las ganas de volver a ser niños o porque tuvieron una feliz infancia y quisieran regresar. Al mismo tiempo los sueños del pasado te pueden ayudar tu presente o tu futuro. Sueños por ejemplo del presente son sueños en el cual te van a pasar ese mismo día o en el mismo mes más o menos, por lo general te va a pasar en esa misma semana o ese mismo día; no mas cuando te levantas con esa sensación que tuvimos un sueño medio angustioso.

Ejemplo de un sueño mío: entré como en un lugar cerrado en el cual vi como unos niños en ese sueño, pero al mismo tiempo me moleste tanto como me levanté con esa sensación tan horrible de ver a esa persona que tenía la piel, era como transparente como tela de cebolla y adentro se miraba como las venas y las misma grasa del cuerpo dentro, se veían cosas extrañísimas, como deforme, eso fue lo que más me impresionó; también un niño que esa persona tenía, después vi otros niños más que eran unos gemelitos con barba. Me dije para mí cuando me levanté, esos sueños con deformidades me luce como de una enfermedad y me doy cuenta de que en ese sueño era algo que me iba a pasar, a lo mejor uno de mis hijos se va a enfermar pero no era nada grave pero si un poquito escalofriante, es decir cuando me levanté me sentí con mucho escalofrío en el cuerpo y fue la sensación que yo tuve al levantarme y era que el aire acondicionado me estaba dando el frío en la piel y me sentía como con calentura, temperatura, y en efecto me estaba dando un poquito de "flu-gripe" y fue cuando yo sentí que me iba a enfermar. Cuando ya aprendemos a identificar nuestros sueños nos damos cuenta cuando es algo del presente y en efecto al día siguiente fui al médico y tenía un poco de tos, medio un poquito de gripe, como con escalofrío porque me había desarropado; o sea ese tipo de sueño que lucía tan horroroso era muy simple.

Sueño que refleja mejoría económica

Sueño de una mujer que estaba perdiendo la casa y estaba pasando por unas crisis económicas en la cual estaba en un punto casi de "perder" la propiedad. ¿Qué sucede? Cora tuvo este sueño:

"Veía un árbol grande, inmenso, bien verde y bien frondoso, un árbol bonito, hermoso, bien nutrido, con muchas frutas hermosas, de un color brilloso, eran diferentes tipos de frutas que ya no recuerda pero sí recuerda que el árbol estaba cargado de frutas, con unas frutas jugosas.

Entonces, ¿qué sucede?, Yo le dije, tú estás pasando algún problema en el cual es muy visible que se ve la mejoría. ¡Sí! Yo estoy perdiendo mi casa. Le contesté: No te preocupes, no vas a perder tu casa, vas a recuperar tu casa y ahora vas a tener un cambio en tu vida en el cual vas a ganar dinero, ¿tú en que estas trabajando? ¿Tienes algún proyecto en la mente? Quiero poner un taller de costura; le dije "Sigue adelante, que sí vas a poder hacer tu taller de costura y te va a ir bien, es más, siento y percibo que de eso vas a poder pagar tu casa". Meses después, creo que casi un año, volví a ver a esta persona y me dijo: "Mira, tú sabes, lo que me dijiste es cierto y en efecto abrí un taller de costura en el cual yo estaba cosiendo, nada más contrate una cortadora", una persona que me cortaba la ropa. Conseguí gente que me vendiera y me distribuyera unos calzones que hacía, pantalones fustanes y ropa interior de mujer, me está yendo bien, no perdí mi casa, logré ponerme al día y gracias a Dios estoy bien.

También si volamos, aterrizamos, volvemos a volar y aterrizamos es que estamos con proyectos a corto y largo plazo, el cual tenemos varios proyectos y no nos decidimos por ninguno pero si te decides por uno primero te va a ir mejor. Aterrizar significa que vas a bajar pero independientemente no significa nada malo, porque estas aterrizando y no te estás haciendo ningún daño. Igual si te caes y no sufres ningún daño, ni te duele, lo más probable es que vas a tener un cambio una mínima pérdida, un pequeño conflicto, pero vas a salir bien del problema y vas a saber manejar bien la situación, supiste enfrentar ese obstáculo. Los aviones es uno de los aparatos más potentes, con tanta fuerza para poderse mantener arriba que quiere decir que nuestros proyectos están grandes y de esa maneras como lo reflejamos, si se cae y se estrella, así se van a ver y manejar nuestras ilusiones, por eso es importante que vayamos hacía atrás, hagamos como una regresión y reflexión de nosotros mismos en qué estamos débiles, que estamos dejando de hacer y qué queremos hacer, de esa manera reforzamos en lo que estamos débiles para no tener ese problema, ese bache. A veces también se refleja que tu mismo subconsciente, si escuchó una noticia a cerca de un accidente de un avión lo reflejamos de esa manera.

También cuando vamos a ir de viaje y tenemos ese temor internamente en nuestro subconsciente se nos proyecta de esa manera. Si en el sueño aterrizamos sanos y salvos así es como cuando vamos en un bote, o en un crucero en el cual vamos llenos de personas, o con pocas personas, con gente conocida o desconocida. También de esa manera va a influir en nuestra vida. Los barcos y los aviones se parecen en cierto punto, si es un barco grande cambios también relacionado a estaciones, como decir, podemos mudarnos, ya sea de trabajo, casa, de profesión, también puede ser que nos vamos a mudar de país. Inclusive un cambio en nosotros mismos.

Sueño: Una persona iba manejando un aparato que era como un carro, pero que iba en dirección opuesta y después de tratar lo de llevar a otro tipo de dirección y se demora esa persona en el automóvil para poder tratar de llevarlo a la dirección que quería, perdió mucho tiempo.

Cuando esa persona se levanta, me llama por teléfono y me dice: Tuve este sueño, y le contesté, este es un sueño del presente a lo mejor hoy vas a estar paseándote por las calles porque se te olvidó algo, porque regresaste otra vez y bueno en efecto la persona me dice vamos a ver que es, y entonces me llama y me dice, Ivania tu sabes que tenías razón, anduve afuera y se me había quedado la tarjeta de crédito y después se me quedó la cartera, y así fue el día, como tres veces tuve ese tipo de urgencia. Tuve que ir a mi casa, después a la oficina y así sucesivamente.

Sueños con dinero

El hermano llamó por teléfono, me comentó el sueño: que veía a su hermana que estaba enflaqueciendose y la mira en el sueño, la hermana le daba 10 centavos.

Respuesta: lo más probable es que tengas problemas económicos pero siempre estarás ayudando a tu hermano en sus problemas, y ella me contestó afirmativamente, entonces yo le dije que: vas a

Los Sueños y Usted

mandarle menos dinero a lo que acostumbrabas y si le vas a mandar lo mismo vas a tener dificultades, así que probablemente le vas a bajar la cantidad que le mandabas y vas a tener problemas económicos y van a ver a lo mejor algunos problemas de salud en tu familia.

Después llegó otra vez esa persona con el mismo sueño lo único que ya no la vio flaca, ya la miraba un poco mejor y ya no la vio enlodada y en vez de darle 10 centavos le dio un dólar, entonces me volvió a consultar y le digo: bueno eso quiere decir que estuviste pasando los problemas económicos que yo te dije y ahora tus problemas están comenzando a ver la luz, comenzando a coger un mejor rumbo "está mejorando tu economía: y vas a empezar a enviarle mas, porque actualmente no es lo que té esta pasando pero vas a comenzar a mandarle un poquito más de dinero a tu hermano; me dijo: sí es verdad tuve unos problemas y unas crisis grandísimas pero ahora parece que las cosas están mejorando, actualmente sí esta cogiendo mejor rumbo.

Después tuvo esta persona un tercer y último sueño, digo último sueño porque hasta hoy no me ha vuelto a contar más de ese sueño y vino esa persona y me comentó: "Que su hermano la Vio bien, no la vio delgada ni nada, no estaba enlodada pero esta vez en vez de darle un billete de un dólar le dio un billete de $10 dólares" y entonces vino y me volvió a comentar su sueño y le dije: bueno ya tu situación no está mejorada totalmente pero está mucho mejor que antes, y en efecto, me dijo que su situación se comenzó a mejorar "tu sabes que todavía no la has visto pero va a ponerse mejor". En los sueños para interpretarse toma todos los factores, en este caso de ellos es la cantidad de dinero que le daba al hermano y las preocupaciones de ese hermano. Por la salud y bienestar económico de su hermana se reflejaba en sus sueños porque influía que la cantidad de dinero era muy poca pero también influía cuando comenzó este sueño, era un sueño en el cual la persona la veía más delgada de lo que esta persona era y la sentía como que se estaba disecando aparte la miró enlodada, llena de puro fango, al darle una moneda de una cantidad tan pequeña, esta persona es el tipo de persona que ayuda a su familia y le preocupa la cantidad que le da a su familia y también a influir en ese aspecto por ese motivo le dije yo lo que iba a pasar. En el segundo sueño ya la situación fue mejorando inclusive en la cantidad de dinero.

CAPITULO V
Fantasías, sexo, romance, besos en los sueños

Ivania Alvarado

Los sueños románticos ya sean besos o actos sexuales como un agarrón de mano nos enseñan a amar.

No importa si eres joven sin ninguna experiencia sexual como viejo, todos más de una vez hemos experimentado estos tipos de experiencias amorosas. No solamente con personas conocidas, si no también desconocidas, con personas que nos gustan o estemos enamorados, como personas que del todo no son nuestro tipo hasta algunos del mismo sexo.

No se asusten cuando diga el mismo sexo. El hecho de tener relaciones en el sueño con alguien de tu mismo sexo no significa que seas homosexual a como también lo seas, pero si ese no es tu caso representa que algo tiene esa persona que admiras o tiene algo que tu quieres.

Cuando hablamos de besos es de buen augurio recibirlos y más aún si de la persona que recibes es alguien con quien tienes buenas relaciones, si no llegas a recibir no es tan bueno. Si el beso es en la frente es amistad, en la mejilla posible mejoría.

El tener estos tipos de sueños húmedos no sólo los tienen personas que tienen una vida activa sexual, también personas que no tienen pareja y es una

Los Sueños y Usted

manera de mantener nuestros órganos reproductores saludables. Es una manera que el cerebro manda mensajes para probar cada parte de nuestro cuerpo si está o no funcionando con lo que miramos y hacemos a través de los sueños.

Al mismo tiempo estos sueños tienen una función Vital y muy positiva al soñador cuando está despierto, ya que le ayuda en sus deseos y en llegar a tener plena satisfacción y en reforzar la capacidad de nosotros de reproducimos, por lo tanto ayuda a la reproducción de nuestra especie, ya que son una especie de programación de auto mantenimiento, para la hora en que lo necesitamos usar cuando estamos despiertos.

Los sueños románticos que no llegan al acto, pero hay besos, abrazos y se da mucho amor, son en muchas ocasiones deseos de parte del soñador el cual lo refleja en sus sueños. Este tipo de sueños por lo general lo tienen más las mujeres, ya que las mujeres somos más románticas y en muchas ocasiones que remos recibir más cariño. No importa si tiene pareja o no. Si tiene pareja es que posiblemente no está recibiendo tanto romanticismo de parte de su compañero.

También llegamos algunos a tener sueños románticos con figuras públicas como políticos, artistas, cantantes, etc. debido a lo mismo, por lo que vemos, escuchamos leemos, etc. o que nos gusta esa persona. Si quisiéramos soñar con alguien lo más probable es que el 90% no vamos a soñar con la persona que queremos, cuando menos pensamos a veces por un mínimo artículo o algo que vimos o escuchamos días atrás es que soñamos.

Sueño con un artista

Sueño que estaba como en una tarima o balcón y miraba pasar unos cuantos artistas. Uno de ellos era Ben Afleck, he soñado dos veces...!jaja!!! Es cómico pero no necesariamente es que uno tenga una obsesión con ese artista porque, por ejemplo, si hablamos respecto a mi persona; yo no soy del tipo de persona que soy obsesionada por los artistas, ni que ando detrás de ellos, pero soñar con artistas puede ser muchas cosas como siempre digo, pero una de las cosas es que nosotros admiramos algo de esa persona o de ese artista, de esa estrella es como puede ser algo que me dijese que voy a estar dentro de los medios, del medio artístico y proyectarme, puede ser un aviso hacia un nuevo rumbo de vida también de cambios en nuestras vidas hacia trabajos, a lo mejor hacíamos algo que estamos un poco aburrido y queremos como ponerle un poco de alegría o entusiasmo, actividad a nuestra vida o/a nuestra profesión en sí también puede significar aquellas personas que son o que les encanta seguir a los artistas, (ese no es mi caso) se refleja de esa manera. En el caso mío ustedes pueden tomar su propia opinión pero lo estoy viendo de otra manera y de otro punto pero lo traigo a relucir ya que vi al artista Ben Afleck; iba caminando, lo saludé no me acerqué a él pero lo vi, luego habían otros artistas más que eran de menor popularidad que Ben Afleck pero eran como cantantes, yo me involucre con unos de ellos y le di un beso en la mejilla uno de ellos estaba como medio interesado en mí, no necesariamente el hecho que uno le dé un beso a alguien significa: que si usted está casado ya es infiel o quiere serle infiel a su pareja simple y sencillamente son mensajes, también un beso se puede reflejar dependiendo de la zona donde le den a usted el beso, si es un beso en la mejilla puede ser amistad, puede ser hipocresía también depende de la persona que te lo esté dando. En este caso era un beso de un desconocido del medio de la televisión artístico.

Si cuando sueñas, tú y la otra persona no llegaron a sentir nada, significa miedo y confusión, posiblemente por la persona con quien soñaron u otros factores.

Ivania Alvarado

Infidelidad en los sueños

No se sientan culpables cuando tengas este tipo de sueños de infidelidad, es muy común tanto en la gente casada como los solteros, estés felizmente casada o no. El hecho es que por lo general la infidelidad refleja larga vida matrimonial siempre y cuando no sea de tu subconsciente por lo que estés viviendo. O sea que si del todo tu esposo(a) está igual como siempre, y no te han dicho nada, ni presientes nada y de repente tienes un sueño en el cual ves a tu esposo(a) que te es infiel, no te preocupes, no eres la única que haya tenido este sueño, también él/ella en algún momento de su vida lo puede tener. En algunas ocasiones son temores que tenemos ya sea porque somos muy celosos(as) o porque no queremos perder esa persona, así como también revelaciones a través de los sueños, que si efectivamente nos van a ser infiel. Por lo general cuando tenemos un sueño de infidelidad y ese sueño es de verdad, que nuestro esposo(a) nos es infiel, no te preocupes que lo más probable es que la persona con quien el/ella té está siendo infiel es algo pasajero y él/ella te ama a ti ya que cuando en los sueños se reflejan las infidelidades y son verídicas son del tipo de sueño de advertencia que te sirven al mismo tiempo como una vacuna para que te prepares para lo que se avecina. Piensa bien lo que vas hacer si llegas a comprobar que es cierto ya que como dije anteriormente te quieren a ti, lo otro es pasajero por eso es que tú estás teniendo ese sueño para que actúes con inteligencia y conserves tu hogar. También el tener una relación adúltera cuando es el caso del soñador puede representarse que siente una atracción por otra persona que no es su pareja, así como que posiblemente su pareja no le está dedicando el tiempo que el soñador quisiera, como también fantasías del subconsciente, ya que posiblemente la relación haya caído en la monotonía y necesiten un poco de romanticismo, es bueno irse de vacaciones solos sin hijos o a algún lugar privado solos los dos. No solamente los sueños de adulterio son de problemas en la pareja también están vinculados con las actividades creativas del soñador. Como dije anteriormente el hecho de tener sueños infieles no es que estemos mal, aunque si en algunos casos hay muchas parejas que están felizmente casadas y tienen repetidamente estos tipos de sueños.

Ver a tu rival

Si en el sueño ves a tu rival ese es un tipo de sueño el cual es sumamente importante descifrarlo, ya que tiene un mensaje que nos ayudará a saber cómo esa persona piensa y cómo podemos beneficiarnos de ese sueño sacándole provecho, entendiendo, porque a lo mejor esa persona nos odia o no, si esa persona nos quiere hacer daño, cómo actúa o que es lo que va hacer. Como piensa, como leerle la mente de esa persona, puede ayudarle a descifrar enigmas con respecto inclusive a tu propia relación, al mismo tiempo te puedes enterar que esa persona seas tú misma o algo que tú envidias o quieres de ella, qué ella te envidia a ti, hay que hacer como un tipo de reflexión en este tipo de sueño en el cual tú también puedes hacer preguntas, enfrentar qué quiere esa persona, ya que en el mismo sueño tú puedes leerle la mente y sentir, porque está allí en tus sueños, recuerda que este es un sueño que te representa obstáculos, si tú vences a tu rival saldrás bien de todo.

Diccionario de los sueños y su número de suerte

Letra A

Los Sueños y Usted

ABANDONO: Sueño no muy afortunado, indica pérdida de algunos proyectos que tenías en mente no importa que seas abandonado o que tú abandones a la otra persona; tendrás conflictos. NS*31546, (1)

ABANICO: Recibirás buenas noticias. Si es un abanico de mano y te estás soplando o alguien te sopla, te sorprenderán con alguna noticia pronto. No es buen augurio perderlo, ya que podrías perder el amor de alguien que te gusta. NS*36936, (9)

ABATIMIENTO: Extremo decaimiento y debilidad. NS*19558, (1).

ABEJAS: Es un buen signo en cualquier asunto y más en asuntos de dinero, propiedad, mejoría para los que la tienen. Si te pican tendrás un poco de dificultades, si las matas tendrás mejorías.
NS*12512, (11)

ABERTURA: Muestra de esperanza. NS*17591, (5)

ABISMIO: Verlo en los sueños es signo de dificultades, cuanto más grande sea y más temor nos da verlo, más grande es el problema; si no te caes al abismo, resolverás tus complicaciones, de lo

contrario, si te caes tendrás dificultades; no prestes dinero en este tiempo, no te lo pagarán, y si piensas ampliar tu negocio espera un poco (a que pase la tempestad).
NS*12914, (8)

ABOGADO: Si vez a un abogado podrás tener dificultades, pero sí en cambio tu eres el abogado(a) te estás o causaras dificultades a otra persona.
NS*97146, (9)

Aborto: Relacionado a la salud de tu pareja y su estado anímico. NS*12698, (8)

ABRAZO: No es de mucha suerte que te abracen, por lo general resulta ser lo contrario, si ves a tu pareja abrazar a otra persona es de buena suerte. Si tu das el abrazo, posibles deseos no satisfechos, que abraces a un muerto larga vida, que el muerto te abrace, enfermedad del soñador o posible muerte.
NS*12915, (9)

ABRIGO: Verte en sueños con demasiada ropa no es bueno, menos ropa es mejor. Contradictorio si compras uno es bueno, y lo contrario si te lo quitas.
NS*12184, (7)

Los Sueños y Usted

ABSCESO: Si esta enfermó, te recuperaras rápido, si no lo estás, te depuraras de eventos en tu vida. NS*31366, (1)

ABDOMEN: Si nos vemos con un abdomen hermoso es abundancia, pero si esta flaco son dificultades económicas. NS*34155, (9)

ABSTINENCIA: Si es al alcohol o droga es buena fortuna con corta duración. NS*42559, (7)

ABUELOS: Si te ves como un abuelo(a), sueño favorable en todo. Si tú ves a tu abuelo(a) y están vivos es buena suerte en los negocios, pero si están muertos y aparecen reprochándote algo, podrías estar haciendo algo que te llevara a grandes problemas en el futuro, te están previniendo.
NS*65361, (3)

ABUNDANCIA: Es un poco contradictorio para algunas personas ya que verte en abundancia es bueno siempre que cuando despiertes estés contento, tendrás más, pero si eres una persona rica y te levantas un poco triste con ese sueño indica que tienes temor de perder esa comodidad que tienes y podrías tener contrariedades en tus finanzas. Si en cambio no tienes dinero, es siempre afortunado en la parte económica. NS*24154, (7)

Ivania Alvarado

ABUSO: Que alguien abusa de ti, sueño de advertencia es importante hacerle caso, especialmente si conoces al abusador. Si eres tu quien abusas tendrás éxito después de muchos esfuerzos. NS*12316, (4)

ACCIDENTE: Los sueños relacionados con accidentes son avisos. Debemos de poner más atención a lo que estamos haciendo. Un mismo sueño no significa lo mismo para todas las personas. Delata estrés, se tienen estos tipos de sueño cuando estamos por lo general envueltos en algún asunto importante o acontecimiento. Los accidentes de mar son relacionados a asuntos amorosos. En cambio accidente aéreo se relaciona a proyectos todavía no cumplidos que se vendrán abajo y relacionados con la gente. Los accidentes de carro y otros, son pérdidas de dinero. NS*74557, (1)

ACCESORIOS: Si te los regalan y los aceptas es de mal augurio. Si en cambio los rechazas saldrás bien. Si los recibes, pero no los usas, saldrás bien después de un tiempo. NS*91696, (4)

ACEITE: Éxito y fortuna para mujeres y/o personas que lo usan con frecuencia como pintores, cocineros. De lo contrario es desafortunado, pero si lo tomas, es dicha, si te lo vierten en la cabeza, mejoría en tus asuntos relacionados al trabajo mental. NS*45925, (7).

ACERO: Denota seguridad, fortaleza, éxito, inquebrantable. NS*13596, (6)

ACOSTARSE: Si estas solo es desconcierto. En la calle, algo te está molestando será pasajero. Con alguien del mismo sexo y si te sientes mal, te preocupa el qué dirán de lo contrario, puedes llevarte mejor con esa persona si es conocido(a). Del sexo opuesto, buena señal especialmente si estamos pasando por algún problema. NS*41915, (2)

ACUSACIÓN: Depende de la magnitud del sueño. Se relaciona más con problemas de trabajo o legales. Estar muy atento a no envolverte en nada que te pueda quitar tu tranquilidad. Se recomienda que revises bien todo. NS*93965, (5)

ACTORES: Estás siendo un poco superficial, ser eres el/la actor/actriz, representa triunfo. NS*66951, (9)

ADELANTAR: Sabes aprovechar el momento oportuno y eres muy ambicioso(a). NS*55219, (4)

ADELGAZAR: Cuida tu salud y tu economía ya que puedes estar descuidando una de las dos.
NS*21819, (21)

ADMIRACIÓN: Es bueno ya sea ser admirado o admirar. Tienes y eres un buen amigo; pero si cuando te levantas te sientes afligido(a) entonces es lo contrario. NS*13965, (6)

ADULTERIO: Es buena señal y buena moral. Si te sientes mal en el sueño, es lo contrario.
NS*45996, (6)

AFECTO: Depende si realmente existe afecto, podrías recibir una herencia. Si no existe afecto o no lo sabes es todo lo contrario. Afecto entre niños ganancias. NS*16638, (6)

AFEITAR: Posibles pérdidas financieras. Si es en la cabeza algo te perturba. NS*16591, (4)

ÁFRICA: Harás nuevas amistades y deseas conocer nuevas personas. NS*16994, (11)

AGITADO(A): Señal de culminación de un proyecto pendiente. NS*82146, (21)

Los Sueños y Usted

AGONÍA: Anuncia obstáculos, aunque es común en los trabajadores obsesivos. NS*17651, (2)

AGRADECIMIENTO: Socialmente mantendrás buenas relaciones y soltura en las comunicaciones. NS*75526, (7)

AGRIO: Penas y disgustos. NS*17996, (6)

AGRIDULCE: Contrariedades. Relaciones con tendencia toxica. Recomendación, evalúa tus relaciones ya del plano amoroso o con tus seres queridos. NS*33335, (8)

AGRICULTURA: Todo lo relacionado a la agricultura, naturaleza, crecer, dar vida, es felicidad duradera. NS*72391, (4)

AGUA: Tomar agua, si es de un vaso de cristal, es bueno porque representa la claridad del agua. Si puedes ver a través del vaso y el agua está clara, representa prosperidad, también puede verse como un matrimonio próximo para un(a) mujer/hombre dependiendo si está enamorado(a) o está de novio(a). Tomar agua sucia, enfermedad, si el soñador está enfermo, gravedad de su enfermedad.
NS*1173, (12)

—*Beber agua helada* representa éxito y triunfo sobre cualquier persona o adversario. Agua caliente, es un poco negativo, puede ser que tengas problemas con tus enemigos.

—*Agua:* Si sientes que te están echando agua en la cabeza o tú te echas agua en la cabeza; "la cabeza va relacionada con nuestro inconsciente, con lo que nosotros hacemos y pensamos", significa riqueza, mejoría económica.

— *Tirar agua por la alberca* también es buena suerte. Si el agua está sucia son problemas, agua clara, la vida te está presentando grandes oportunidades.

AGUACATE: Si el aguacate está en buenas condiciones, serás valorado por tus seres querido y amigos, lo opuesto, si está podrido. NS*17312, (5)

AGUAMARINA: Tener una consigo, Afecto. Perderla, despecho. Comprarla, felicidad. NS*26951, (5)

AGUJAS: Pequeñas molestias ya sean amorosas, habladurías, a excepción de si la aguja tiene el hilo puesto, saldrás airoso. Si te pinchas eres demasiado enamorado y lo estas demostrando en exceso, te recomiendo que disimules. NS*83111, (5)

Los Sueños y Usted

ÁGUILA: Si te identificas con ella, representa éxito en tus asuntos, pero si te ataca tendrás dificultades. Muerta o herida, pérdidas monetarias. Es importante hacia donde vuela: hacia arriba, así será tu éxito, hacia abajo, tendrás muchos contratiempos. Del este al oeste, será más rápido llegar a la meta deseada; del oeste, te tomara más tiempo llegar a la meta. NS*83931, (6)

AHOGARSE: Para las personas de negocio es mala noticia, pero si te salvas o te rescatan, saldrás bien. Si tienes problemas respiratorios o estas enfermó(a) relacionado a la respiración, puedes tener este tipo de sueno no le prestes atención. NS*41915, (2)

AHORRAR: Temor a perder tu economía, recomiendo que canceles ese sueño de tu mente. NS*96919, (7)

AIRE: Agradable, calmo y despejado, se realizarán tus metas. Si es un aire fuerte, toma precauciones con decisiones importantes. Recomiendo que no tomes ninguna medida precipitada hasta que no estés claro. NS*1995, (5)

AJEDREZ: Calculador, paciente e inteligente, te recomiendo que aprendas a jugarlo ya que si lo soñaste es por alguna razón, algo positivo saldrá. NS*74958, (4)

AJO: Depende de la persona ya que si te gusta el ajo será afortunado de lo contrario podría tener resultados no deseados. NS*116, (8)

ÁLAMO: Recibirás ingresos. NS*13146, (6)

ALEGRÍA: Buena suerte en todo. NS*13578, (6)

ALAS: Éxito rotundo si te decides a volar, atrévete. Ya estás listo(a). NS*1311, (6)

ALARIDOS: Después de la tormenta viene la paz, solución de un suceso tormentoso. NS*69461, (8)

ÁLBUM: Ver fotos, posible fin de una época y comienzo de otra. Si te levantas melancólica o te vez tristón(a) es recuerdos.
NS*13234, (4)

ALFOMBRA: Señal afortunada si estas en el lugar correcto, de lo contrario tendrás que trabajar la milla extra para conseguir tus objetivos. Si se quema te prevendrá de habladurías. Comprar alfombras, descubrirás algo a tu favor. Instalarlas, mal presagio. NS*75291, (6)

Los Sueños y Usted

ALIMENTAR: Si alimentas a animales es buna suerte. Comer en exceso, es lo opuesto. Alimentar a niños, alguien te puede engañar. NS*45219, (3)

ALGODÓN: Épocas exquisitas y buenas.
NS*26465, (5)

ALMACÉN: Por lo general es fortuna a excepción que el almacén esté en penurias. NS*81355, (4)

ALIMENTOS: Hay muchas interpretaciones; lo más importante es cómo te sientas tanto cuando duermes como cuando te levantes y así será tu resultado. Si comes demasiado o si no tienes lo necesario para alimentarte no es bueno.
NS*13941, (9)

ALONDRA: Escucharla, felicidad y placeres realizados. Enjaulada, posible fracaso en asuntos financieros que tú mismo te los haz causado por ser un poco avaro. Recomiendo que revises tu plan para mejorar la parte de ser más caritativo, esto dará un cambio de rumbo a tu negocio siendo así solamente un sueño de advertencia. Si el ave esta enjaulada para que tengas un plan de éxito financiero imagínate que sacas el ave de la jaula y la vez feliz. NS*15491, (2)

ALTAR: No siempre es afortunado y depende de quién este en el altar si eres tú, no es muy afortunado a menos que estés próxima a casarte, si es un(a) desconocido(a) no tiene mucha importancia, pero si la conoces puede ser que ella/el iniciaran una relación seria. NS*13219, (7)

ALUMBRAR: Excelente sueño si estas en un proyecto o quieres realizar alguno, ya que se realizara. Si te vez con muchos dolores y/o es muy demorado sigue con tu proyecto ya que al final si perseveras habrá valido la pena. NS*22919, (5)

ALTURA: Si tenemos temor de ver hacia abajo, representa que hay que superar estos miedos, hay que enfrentar el problema. Para otros si te ves en lo alto y tienes temor, es el temor que tenemos de caer, no estamos tan firmes, ya sea en nuestra relación amorosa o con nuestro trabajo. Envidia, alguien quiere lo que tú tienes. NS*63911, (2)

AMANECER: Presenciar un Amanecer, es cumplimiento rápido de tus propósitos, atardecer te tomara más tiempo, pero con arduo trabajo y perseverancia lo lograras. Recomendación, si presencias el atardecer, organizarte facilitara tus planes y encontraras la razón de la demora. NS*25359, (6)

ÁMBAR: Lucros pequeños. NS*14219, (8)

ALMENDRA: Si vez la flor de esta es buen signo, si la flor se cae al suelo no es bueno. Revisa lo primero que te venga a la mente que se estaría cayendo o en riesgo de derrumbarse en este preciso momento en cualquier aspecto de tu vida. NS*45491, (5)

ALMIDÓN: No deposites tu confianza en cualquier persona solo por lo que representen. No todo lo que brilla es oro. Recomendación, observa el interior de quien hayas depositado tu confianza y no lo externo. NS*17465, (5)

AMAMANTAR: Instinto maternal. Deseas ser mama si no lo has sido, o quieres tener otro bebe. También puedes estar siendo muy maternal con tu cónyuge. Recomendación con el cónyuge, ellos quieren una mujer no a su madre en la cama. NS*25219, (1)

AMANTE: Si eres mujer es cumplimiento de una relación futura, si no tienes en este momento nada o nada serio. Hombre depende si fue correspondido en el sueño de lo contrario es solamente un deseo y tienes miedo al rechazo. Recomendación para los hombres si no fuiste bien correspondido, piensa como te hubiese gustado que sucediera mínimo tres veces y veras como llega a ti lo que imaginaste. NS*71525, (2)

AMOR: Para algunos es lo contrario si estas en pareja, pero bueno para quien no la tiene todavía. Desdicha en el amor es más bien bueno. Si es amor de amigos y/o seres queridos es dicha. NS*1469, (2)

AMOROSA(O): Posible traición, murmuraciones si eres tú quien se ve muy amorosa. NS*20611, (1)

AMULETO: Si portas uno significa que estas a punto de tomar decisiones importantes en tu vida, es necesario que re-estudies la decisión ya que necesitas meditar más profundo con tu yo interno, la respuesta está en ti y no en un amuleto. Si te lo regalan, no confíes fácilmente. NS*83526, (6)

ANCIANO(A): Ver un anciano(a) es uno de los sueños más sabios que hay, refleja madurez en el soñador. Culminación de un proyecto. NS*18156, (21)

ANCLA: Si está enterrada en el mar estarás un gran tiempo estacionada(o). Si la vez que la recogen para arrancar tendrás cambios en tu vida fructíferos. Entre más clara la visualices así será su resultado. NS*15331, (4)

ÁNGEL: Siempre es bueno soñar con los ángeles ya sea con uno o varios. Mantener buenas relaciones con ellos es mucho mejor. Vienen buenas épocas. NS*15753, (21)

ANIMALES: Si esta gordo, flaco, enfermo o en buenas condiciones, la mejor interpretación es por cada animal; peces nadando libremente, riqueza, ascenso. Si los animales están en posición de atacar, alguien quiere causarte daño. Todo lo contrario, si están dóciles. Los reptiles presagian chismes y conflictos; las aves son el símbolo de fuerza por alcanzar las metas si las vemos en buenas condiciones y volando. También es importante el color del animal y su apariencia (gordo, flaco).
NS*11351, (11)

ANILLO: Para una joven soltera, compromiso. Para una mujer casada soñar con el anillo de boda significa riñas con el esposo. Si se lo quita, lo bota o lo pierde se separarán, si lo encuentra pelea seria, se volverán a juntar. NS*49336, (7)

AMAMANTAR: Necesidad de acercamiento hacia nuestro hijo(a) si ya están adultos, lo contrario si es todavía un bebé, es ternura y amor combinado con nuestro subconsciente por lo que hacemos. Si no le diste el pecho, sentimiento de culpa, si lo amamantaste recuerdo placentero.
NS*25219, (1)

AMARILLO: Denota cualidades mentales y poder, color del sol (oro). Si es amarillo oscuro, bajas pasiones. Amarillo claro, estabilidad material.
NS*69336, (9)

AMARGURA: Es totalmente opuesto. Si estamos amargados en el sueño es felicidad y si se refiere al sabor, éxito en el comercio.
NS*77391, (9)

AMBICIÓN: Si es una ambición medida es positivo en tus negocios, pero si es muy exagerada es lo contrario. NS*73965, (3)

AMETRALLADORA: Si está en perfecto estado todo marchara bien, pero si se comete un error así serán tus planes. Recomendación, enfócate.
NS*14521, (4)

Los Sueños y Usted

AMIGO: Depende mucho de qué tipo de relación tu tengas con tu amigo. Si están distanciados es tiempo de darle una llamada y arreglar sus diferencias. Si están bien, entonces pronto te lo tropezaras. Analiza como este vestido. Si está bien vestido es bueno; si está mal vestido, sucio, la relación entre ustedes se está deteriorando o él/ella esté pasando por algún mal momento. Si le sucede algo a tu amigo en el sueño es bueno que se lo cuentes puede que te estén dando un mensaje para que tú se lo digas. NS*14976, (9)

ANOCHECER: Problemas menores sin gran repercusión. NS*15633, (9)

ANTEOJOS: Es de buena señal ponerte o verte con anteojos. Si usas anteojos de ver entonces no significa nada ya que es tu misma representación. Anteojos de sol si los usas en el sol es buen signo, en cambio si las usas dentro de una casa o es de noche son temores internos. NS*46161, (9)

ANTEPASADOS: Como ya no están más con nosotros por lo general se aparecen para revelarnos enigmas y/o soluciones. Si te estás portando mal, se te aparecerán para que rectifiques, si no cambias volverán. NS*15251, (5)

ANTIPATÍA: Si te sientes mal siendo antipático es una mala señal, pero si te agrado entonces es bueno. NS*15292, (1)

ANTORCHA: Si está encendida es luz, enfoque, revelación de un enigma. Si está apagada debes de tomar acción. NS*32381, (8)

Apagar un incendio con agua, lanzar agua:
Puede ser una derrota de un juicio, podrías salir bien o mal, todo depende de cómo estés manejando esa situación. NS*17171, (8)

ÁRBOL: Signo de la naturaleza. Es importante fijarse en el aspecto que tiene el árbol, verde y frondoso, son mejorías, si por el contrario está seco, maltratado, te esperan momentos difíciles. Caer de un árbol, tus problemas te están envolviendo, busca una salida. Trepar un árbol y llegar a la punta, tus problemas los resolverás. NS*19263, (21)

-*Árbol cargado de frutas*: Actualmente te está yendo bien, si estás pasando por alguna dificultad, se te resolverá todo o la mayoría de tus problemas.
ARCOÍRIS: Un excelente sueño tendrás o tienes buena fortuna en el amor, matrimonio y familia. NS*19361, (2)

Los Sueños y Usted

ARCHIVO: Relacionado a tu trabajo, deseas un cambio a mejor. Si buscas el archivo, encontraras lo que buscas. NS*19381, (4)

ARTISTA: Admiramos o deseamos algo de ese artista en el aspecto profesional, aviso de estar dentro de un escenario, dentro del medio artístico, un nuevo rumbo de vida, de cambios en nuestro trabajo. También significa adulación. NS*19321, (7)

ASCENSOR: Buena suerte verte subiendo, representa algún aumento de sueldo, posición, riqueza; si por el contrario desciendes, desdicha. Si te ves atrapado, frustración de un proyecto o de una persona en especial. Un elevador con amigos y familiares buenas relaciones y alguna negociación en asociación. NS*15169, (7)

ASTROLOGO: Si lo consultas o lees sobre el tema, estas buscando respuesta a algo que tienes; ser el astrologo estas en búsqueda de superarte en conocimientos. NS*33676, (7)

ASUSTAR: Si eres quien asusta, te gusta dar sorpresas, pero ten cuidado a quien se las das, analiza la actitud de quien tú asustaste y así será tu resultado. Si te asustan y te gusto, te gusta que te sorprendan de lo contrario algo desagradable vendrá o se discutirá en tu vida. NS*51219, (9)

ATACAR: Si te atacan, posibles contrariedades. Ser el atacante, saldrás bien de un problema.
NS*12131, (8)

ATAR: Si estamos atados hay una co-dependencia de parte nuestra. Si te desatas es bueno ya que podrás salir de esa dependencia que has estado. Si eres tu quien ato a alguien, estas siendo injusto. Si es alguien que te gusta es atracción y más aún si lo conoces. NS*1219, (4)

APETITO: Deficiencias ya sea en la salud u otras áreas. Si comes demasiado también. Moderado, bueno en lo económico. NS*17528, (5)

APLAUSO: Que te aplaudan, hipocresía y de significado contrario ya que buscas la aprobación de otros cuando solo debes de buscar la tuya. Si en cambio en tu vida diaria eres artista es diferente no cuenta es simplemente el subconsciente. Si eres tu quien aplaude estas siendo un poco envidioso.
NS*21316, (4)

APRENDER: Es bueno para los negocios verse aprendiendo algo nuevo, pero si se te es muy difícil, te has puesto demasiado trabajo encima que difícilmente podrás terminar y podrías quedar mal si no tomas medidas en el asunto. NS*45459, (9)

ARRASTRARSE: Pésima señal en asuntos amorosos. Date tu lugar, autoanalízate y cuanto estas dando, analiza si la relación es reciproca. NS*51915, (3)

ARENA: Si la arena aparece en el mar es bueno. Si no, son numerosas molestias. Mezclar la arena, dependerá de con que la mezcles ya que si es con cemento, concretizaras tus sueños, si se pone aguada, es lo contrario más contrariedades. NS*19551, (21)

Arena Movediza: Se más prudente o tus actos te hundirán.

ARRODILLARSE: Es bueno ya sea en tu casa, Iglesia o rezando, se cumplirá algo que has estado pidiendo. NS*45915, (6)

ARROZ: Como todos los granos es felicidad. NS*13711, (4)

ARRUGAS: No te fijes tanto en la apariencia si eres joven y te vez con arrugas. Si estas ya mayor, te preocupa tu vejez más de lo que te imaginas, no solamente tu apariencia física sino también otras cosas que se pegan a la edad. NS*22711, (4)

ASESINATO: Evita a toda costa riesgos por un tiempo y si los tomas que los revise alguien con experiencia o un abogado si es relacionado a algo legal. NS*95126, (5)

ATAÚD: Molestias de todo tipo. Evita a toda costa los conflictos. NS*12134, (2)

AUTÓGRAFO: Comienzo de nuevos proyectos, cambio de vida. (Ver escribir). NS*13262, (5)

AVENA: En el campo y en plena cosecha, es abundancia, pero si esta marchita o seca, se avecinan tiempos difíciles es recomendable ahorrar. NS*14551, (7)

AVESTRUZ: Enfrenta tus responsabilidades y no te escondas ya que el sol no se puede tapar con un solo dedo. NS*14514, (6)

AVIÓN: Accidente de avión, relacionado a un proyecto todavía no realizado que quedará inconcluso o se irá abajo, según el suceso del sueño. Depende como estemos en ese momento nuestra

Los Sueños y Usted

vida. Si vemos al avión o estamos dentro, se avecina dinero y grandes proyectos. Ser piloto tienes auto control, simboliza intelectos e ideas elevadas que necesitamos liberarnos para pensar. NS*14964, (6)

AYUDAR: Muchas personas te estiman y piensa muy bien de ti. NS*17341, (7)

AZÚCAR: Agradables acontecimientos especialmente con tu familia. NS*18331, (7)

AZUL: Azul claro, color del cielo representa paz, felicidad y pureza. Azul oscuro, fuerza, dominio, es el color de la superación y prosperidad. NS*1834, (7)

AZULEJOS: Todo lo que agás de hoy en adelante asegúrate de ponerle tu nombre para que tu trabajo sea reconocido en tu nombre y así evitar que otro(a) te robe tu idea. NS*18334, (1)

Letra B

Los Sueños y Usted

BACANAL: Si eres muy fiestero entonces cuídate de los excesos como el alcohol, de lo contrario necesites divertirte. Los excesos son el problema. NS*21319, (7)

BAILAR: Es afortunado verse bailando en la casa de uno. Baile de disfraces, cuídate de engaños y deja de ser tan falso. Bailando mujer con mujer, temor al sexo opuesto. Bailar entre hombres, deseo y temor por caer en amores con otro hombre. NS*21931, (7)

BAJADA: Toda bajada es indicio de obstáculos y retroceso en tus planes. NS*21115, (1)

BAJAR DE PESO/ENFLAQUECER: Problemas, pueden ser de salud o económicos que se avecinan, ya sea el soñador que se ve en sueños así mismo con ver animales flacos, representan, pobreza, escasez. Pero si nos vemos gordos o animales gordos es síntoma de riqueza, abundancia; obeso, aviso a nuestra dieta, estuvimos hablando referente a que debemos bajar de peso o estamos padeciendo de anorexia si estamos delgados. NS*21119, (5)

BALANZA: Eres una persona que tratas de ser justo. Podrías ser llamado a testificar por alguien.
NS*21315, (3)

BALSA: Cambios en tu vida, según como se desenvuelve el sueño a tu favor o en contra. Si todo está bien así será, en cambio si te caes de la balsa el cambio será desafortunado. Recomendación, imagínate el agua mansa y que estás seguro en ese viaje. NS*21311, (8)

BALÓN: Triunfo mediante la disciplina y persistencia. NS*21365, (8)

BANCARROTA: Analiza todos tus proyectos especialmente aquellos que te requieran de una inversión ya te que te podría dejar en la miseria. Se muy cauteloso y mejor pide asesoría de profesionales.
NS*21519, (9)

BAÑARSE: Al aire libre, buen síntoma, libertad. Baño cerrado, conflictos, estás viendo las cosas encasilladas. Bañarse con agua limpia, es saludable, simboliza la limpieza de uno mismo, purificación. Bañarse con agua sucia, representa enfermedades, podrías estar padeciendo o padecerás de algo, estas descuidando tu salud, cuídate. NS*21516, (6)

BAR: Ten prudencia en todo especialmente si te ves tomando de más. NS*219, (3)

Los Sueños y Usted

BARBA: Resoluciones de conflictos, barba blanca, resolverás el problema sabiamente. NS*21921, (6)

BARCO LLENO DE GENTE: Cambios en nuestro trabajo o de opiniones hacia algo, alguien, hay que analizar si tenemos buenas relaciones o no, como está vestida la gente, el color de la vestimenta. Es importante ver el aspecto del agua si es cristalina, el cambio será para bien, de lo contrario, no es el momento para ese cambio. NS*21936, (21)

BARRO: Si te vez tu trabajando con el barro crearas algo con grandes beneficios y si ves a alguien tendrás también beneficios económicos, pero no necesariamente será tu propia creación. NS*21996, (9)

BASTÓN: Posible enfermedad y/o dificultad.
NS*21122, (8)

BASURA: Es bueno. Como dice el dicho, la basura de uno puede ser el tesoro de otro. NS*21131, (8)

BEBE: Mal augurio ver un bebé indefenso que no tiene la capacidad de valerse por sí mismo, tendrás ciertas complicaciones, pero se resolverán. Si el bebé está enfermo puede haber alguien bien grave en tu familia, pero si al contrario, es un niño más grandecito y robusto es de buena suerte. NS*2525, (5)

BESO: Depende en donde te den el beso; beso en la mejilla, amistad, asimismo puede ser hipocresía, todo depende de la persona que te lo esté dando. Beso en la boca del ser amado, recibirás amor y fortuna. Sensualidad satisfacciones cumplidas si es de alguien que te gusta y eres mujer. Si eres hombre solamente si eres correspondido, de lo contrario se quedarán en deseos; en la frente, amistad, lazos, dependiendo de la persona que te los de. Si es una persona que tienes mala relación, tendrás un conflicto con esa persona, al mismo tiempo puedes reanudar relaciones con esa persona. NS2516, (5)

BEBIDA: Si es clara y fresca es éxito. Sucia, problemas. NS*25295, (5)

BIBERÓN: Dicha familiar y posiblemente un nuevo integrante en la familia. NS*29252, (2)

BIBLIA: Alegrías, triunfos. NS*29231, (8)

BICICLETA: Si eres adulto, no la usas y te ves en ella, pronto tendrás que tomar decisiones importantes. Si te ves como un niño, recuerdos placenteros tal vez tendrás que visitar a alguien que no lo hacías en décadas. NS*29195, (8)

Los Sueños y Usted

BODA: Si eres soltero(a), es beneficioso en todo. Si estas casado es lo contrario, molestias familiares. Si es otra persona quien se casa, son alegrías familiares y beneficios. NS*2641, (4)

BOFETADA: Si la damos, tendremos consecuencias negativas ya que posiblemente estamos siendo incorrectos en algunos de nuestros actos. Recibir una, es lo contrario alguien esta posiblemente siendo injustos con nosotros. NS*26658, (8)

BLANCO: Color de la pureza, alegrías familiares y purificación. Es de buena suerte soñar con cualquier objeto en blanco, así como animales, vestimenta, etc. Éxitos en todos tus proyectos, aspiras a más. Buenas relaciones con los demás. NS*23159, (2)

BOCA: Modo y necesidad que tenemos de expresamos. Si la boca está cerrada ya sea la nuestra o la de otra persona, refleja el rechazo de alguien a nosotros o de nosotros a otra persona. Boca abierta, es un signo positivo hacia la creatividad y sed de expresamos en algún campo. NS*2631, (3)

BOMBA: Si es de agua y está limpia, prosperidad, bendiciones. Sucia, dificultades. Estar en un bombardeo y escuchas que termino, terminaras ileso de un problema e iniciaras una nueva etapa de tu vida. Escuchar una bomba, problemas. NS*26421, (6)

BOTE/BARCO: Cambios en nuestra vida, si aparecemos solos, el cambio solamente te incumbe a ti y no quieres involucrar a nadie más, si te caes del bote/barco, problemas amorosos se resolverán si emerges a la superficie, si el mar está agitado, estas experimentando pasiones desenfrenadas.
NS*2625, (6)

BOTELLA: Si está vacía, penas amorosas, llena con líquido claro, buena salud y bienestar. Liquido caliente y/u oscuro, desavenencias en la salud. Revísate periódicamente. NS*26257, (4)

BOSQUE: Solo en el bosque, es bueno augurio en todo; acompañado, posible engaño. Arboles hermosos, grandes, abundancia. Querer salir del bosque y no encontrar la salida, obstáculos. Salir, socialmente mantienes buenas comunicaciones. NS*26188, (6)

BRINCAR: Podrías experimentar ciertos obstáculos. Si te ves venciendo los obstáculos, serás exitoso en tus planes. NS*29954, (2)

BRINDIS: Falsos amigos. NS*29955, (3)

Los Sueños y Usted

BROCHA: Si es de pintar cuadros, estás en tu momento artístico aprovéchalo. NS*29639, (11)

BROMA: Deseo de ampliar tus amistades. NS*29641, (4)

BURBUJAS: Decepción. Si son niños jugando con las burbujas es lo contrario. NS*23926, (4)

BUEY: Es buena señal en lo que se refiere a las especulaciones. Tendrás suerte, pero consulta siempre un especialista. Si el Buey está enfermo, no compres ni vendas tus acciones o negocio por un tiempo corto. NS*2357, (8)

BUITRE: Si te persigue y te da miedo, peligroso enemigo. Muerto, eliminación de un rival. Que se está devorando una presa, la suerte está de tu lado.
NS*23925, (2)

Letra C

Los Sueños y Usted

CABALLO: Fuerza y dominio, si te caes se avecinan problemas, si te levantas sin lastimarte, saldrás bien, estar en una carrera de caballos, no deberías ver como un juego tu negocio, cuídate de no derrochar tu dinero. Caballo blanco, superación de tus adversidades, buen agüero. NS*31213, (1)

CABAÑA: Relacionado a asuntos amorosos dependiendo de las circunstancias y sucesos. En la cabaña con tus amigos, desavenencias amorosas. Solamente ver la cabaña, proximidad de alguien que te atrae. NS*31216, (4)

CABELLO: Cabellera larga, es abundancia, cabello blanco, sabiduría, inteligencia, quiere decir que estamos en proyectos intelectuales; pelo negro (oscuro) estas opacado(a), no estás viendo hacia adelante, no te estás proyectando. Melena roja, pasión, tus pensamientos están enfocados en alguien en particular que no te deja pensar más que en esa persona. Cabellera abundante, fértil de pensamientos y creatividad; cabellera afeitada, debilidad por algo o alguien. Vergüenza. NS*31253, (5)

CABALLERO: Si te vez comportándote cortes, enfrentaras tus propósitos de frente. NS*31218, (6)

CABEZA: Estás pensando con tu cerebro buen síntoma, ya que estás planificando lo que quieres y vas hacer. Superioridad ante otros, si la tienes erguida, de lo contrario (cabizbaja) es humillación, arrepentimiento por algo que hiciste, mala señal. Dolor de cabeza o te la golpeas, trastornos mentales o emocionales. Cabeza calva (no afeitada), inteligencia y amor. NS*31259, (9)

CABARET: Deseo de distraerse. NS*31218, (6)

CABRA: Posibles desavenencias en la parte legal. Si la cabra está bien saldrás bien. El color es importante. Ver colores. NS*31291, (7)

CABRITO: Próximo viaje. Prepara tu maleta si quieres viajar. NS*31298, (5)

CACTUS: Pon más atención a tus pasos para evitar errores. NS*31324, (4)

CADENA(S): Si estas atado(a), tus problemas ya tienen mucho tiempo contigo. Recomendación, visualízate que las rompes para así finalmente romper esa atadura de tu pasado que te está atormentando y que no te deja salir adelante. Si las rompes en el sueño, fin de un problema el cual te liberaras finalmente airoso(a). NS*31456, (1)

Los Sueños y Usted

CAER: Cualquier caída es símbolo de obstáculo. Salir ileso al caer, volverás a recuperar tu confianza. Si te levantas rápido, así será tu desempeño rápido y con experiencia. Si te demoras al levantarte, te tomara más tiempo. Si no logras levantarte y te lesionas mucho, el problema te doblegara. Recomendación, pide ayuda en cualquier asunto/problema que estés pasando ya que solo te será más difícil, aunque no imposible, pero te tomara más tiempo. NS*3159, (9)

Caer al agua: Puede ser que la persona con la que te casaste te está causando problemas, grandes pasiones por parte tuya.

-Caer al mar estando agitado: Caer de una lancha, pérdida de dinero, especialmente si no te ves en la orilla. Decepción amorosa, grandes pasiones.

CAFÉ: Ver moliendo el café, fortaleza de carácter. Semilla del café, fortuna e intelecto. Si se te rebalsa el café, contratiempos. NS*3165, (6)

CALABOZO: Cuida tu salud ya que avecina una enfermedad próxima. Si hay alguien que tú conozcas en la cárcel, no se aplica a ti. Posiblemente sea producto de tu subconsciente. NS*31314, (3)

CAJA: Vacía, tus planes saldrán opuestos. Encuentra algo en la caja, suerte. NS*3111, (6)

CALLEJÓN: Entre más angosto sea el callejón menos salidas tienes, lo mejor es regresar por donde viniste y ni siquiera entrar. Conflictos difíciles de resolver. Si el callejón es oscuro sin salida o no ves la salida te será difícil la recuperación, pero si al contrario, lo enfrentas y encuentras la salida, saldrás airoso de todo. NS*31338, (9)

CALVO: Si es un hombre que genéticamente hay calvos en su familia, anuncio que comenzara a perder el cabello. De lo contrario ver calvicie. NS*31346, (8)

CALVICIE: Que una mujer se quede sin cabello, problemas para encontrar pareja. Cualquier pérdida de cabello es signo de pérdida de salud y/o dinero.
NS*31348, (1)

CANALES: Si son muy angostos y el agua es oscura llena de lama, sucia, son conflictos venideros; si es ancho, amplio y el agua clara, resolverás cualquier problema o proyectos en que te encuentres.
NS*31519, (1)

Los Sueños y Usted

CAMINAR: Si caminas de día es buen síntoma, estas llegando a donde te propones, de noche, ciertas diferencias. Caminar sobre el agua, éxito rotundo. Caminar con muletas o con un sólo pie, pérdida de dinero. Caminar hacia atrás, huirás de algún proyecto al cual le habías puesto todo tu esfuerzo. Caminar derecho, ganancias, por un camino en malas condiciones, problemas. NS*31496, (5)

CAMINO: Si es un camino ancho en el cual tiene bastante visibilidad, así serán las oportunidades en la vida que se te están presentando. Camino angosto con poca visibilidad, son pocas alternativas. Camino destruido, conflictos. NS*31492, (1)

CARNE ROJA: Comer carne roja, relacionado a las especulaciones e inversiones según el término de cocinada la carne, cuanto más cocinada mejor sin que se queme. Cruda, no te precipites en las especulaciones o inversiones, pero si las estudias recibirás buenas ganancias. NS*31955, (5)

CARIDAD/CARITATIVO: Dar en sueños asegura riquezas inesperadas. Recibirlas, te estas limitando mentalmente. NS*31918, (4)

CARRETERA: Si es ancha, es bueno, tienes una visión más amplia de las cosas; si es angosta, es igual la manera que estás viendo las cosas, ¡te estás limitando! es importante el color del carro porque te va a representar lo que quieres saber. Si sales de la carretera y el carro no se descompuso tienes un buen equipo. Carretera recta, larga Vida. NS*31994, (8)

CARTERA: Vacía, pronto recibirás dinero. Llena y revisando dentro, pronto de darás cuenta de un secreto. Portarla, noticias. Vieja, rota y sucia, problemas. NS*31926, (3)

CARRO: Los carros representan el riesgo que tomas. Cuando estás en el volante, simboliza tu vida, ya que la pones en riesgo, pero también es las ganas de tener ese automóvil, depende quien sueña. Chocar, pérdida de dinero; un carro fúnebre, cuídate de cualquier trampa, de no meterte en problemas, no hagas apuestas, es importante estar atento a todo, a desconfiar de la generosidad de gente que crees que te quieren o que te alaben mucho. NS* 31996, (1)

—*Si es un niño que se ve manejando un carro, es común, son los deseos, él quiere hacer lo mismo que su padre, puede ser que a lo mejor será un muchacho que le gustarán las carreras de auto.*

CARTA: Si la recibes son malas noticias. Si la das, quieres darte a conocer de alguna manera. Recibirla del ser amado o de una persona que te gusta, compromiso, posible noviazgo cercano. De cualquier persona que tengas buenas relaciones son buenas noticias, bienestar. NS*31921, (7)

CASA: Verla en construcción, sueño afortunado, realización de algún proyecto o de algo, entre más grande la construcción mayor tu satisfacción. En demolición, pérdidas, ten precaución en general. Ver la casa de uno vacía, abandono de los hijos, se van porque han crecido o divorcio en algunas circunstancias. La casa de uno llena de cosas, decorada y limpia, progreso, felicidad. Casa de infancia, recuerdos bonitos si fuiste feliz; de lo contrario necesidad de resolver y confrontar un enigma. NS*3111, (6)

CEJAS: Si están arregladas y tupidas, te gusta coquetear. Afeitadas o poco pelo desinterés por tu persona. NS*35311, (4)

CELOSO(A): Egoísta, tus asuntos son prioritarios sin importar los de los demás. NS*35367, (6)

CEMENTO: Proximidad de recibir ya sea un regalo, propuesta de trabajo, o dinero. NS*35454, (21)

CHOCAR: Posible pérdida de dinero. Ver accidente. También es un sueño de advertencia, chequea tu auto

y/o llévalo al taller, podrías evitar una catástrofe que tus Ángeles te están revelando atreves de tu sueño.
   NS*38631, (3)

   CERDO: Controversial, cómo te puede ir bien te puede ir mal, dependerá si el cerdo esta gordo, ganancias o flaco, deudas. Varios cerdos, diversos proyectos, unos se te darán y otro no. NS*35946, (8)

   CIEGO: Verte ciego, estas en una relación el cual no quieres ver sus defectos ya que lo amas mucho. *Recuperar la vista, se te callo el velo por esa persona amada.* NS*39576, (3)

   CIELO: Cielo despejado y soleado, representa aspiraciones, autoridad, prosperidad y plenitud. Oscuro, proximidad de conflictos, ir al cielo, gran dicha, se te cumplirá un deseo bien grande. NS*39536, (4)

   CINCO: Simboliza el cuerpo humano. Las piernas, brazos y la cabeza si es usada inteligentemente es un número de suerte, de lo contrario cuídate de gente que no te agrada, se más amplio. Es un número masculino impar de buena estrella, especialmente para aquellos en que su número de destino numerológicamente da impar. NS*39536, (8)

Los Sueños y Usted

COCINA: Preparar comida, separación que culminara en divorcio. El fuego encendido, buenas épocas y con eso cambios a tu favor. Cocinando a la parrilla, cambios de planes que te desconcertaran. NS*36396, (9)

COCODRILOS/LAGARTOS: Los animales que se arrastran son problemas, chismes, conflictos entre las personas. Si los enfrentas o los ves pasar el problema se irá por donde vino. NS*36365, (4)

COLMILLO: Relacionado a familiares cercanos, no la primera familia. (Ver dientes). NS*36343, (1)

COLORES: Hay que identificarlos individualmente. Negro, poder es la parte negativa y oscura del soñador. Blanco, pureza, lealtad, buen augurio. Amarillo y anaranjado, lo positivo, habilidades mentales, en lo negativo, problemas mentales. Morado, proximidad de dinero y amor. Rojo, pasión, ira, carácter, amor. Rosado, amor tierno como el de los hijos, esposo, familia, color de ternura; azul, poder intelecto; verde pino, maldad, amenaza. Verde claro, proximidad de dinero, color de la naturaleza. Rojo claro, afecto. Índigo: Gran beneficio, si los colores se combinan con Negro. Ejemplo: morado oscuro con negro: traiciones; morado con blanco, bienestar; rojo y negro, odio profundo, la libertad o la muerte como en los revolucionarios. NS*36366, (6)

COLUMNA: Representa la estabilidad. Cuatro columnas estabilidad completa representando a Dios, tú, tu familia, carrera. Dos, estabilidad en la parte amorosa. NS*36331, (4)

COMER: Si te ves comiendo demasiado o desganado, es problema relacionado a tu salud. Comer con el ser amado, amistades o familiares, buenas relaciones. Solo, la tristeza te asecha, sacúdete. NS*36459, (9)

COMPONER: No contemplas el fracaso. Alta autoestima. Vienen buenas épocas, saca provecho de esta etapa en tu vida. NS*36477, (9)

CONOCIDOS: Ver gente conocida y tener buenas relaciones, buen augurio, de lo contrario ver a tus enemigos, proximidad de que estarás expuesto a burlas públicas. Familiares, felicidad. NS*36565, (7)

CONSTRUCCIÓN: Ya sea un edificio o una casa entre más grande sea la construcción mayores serán tus expectativas y posibilidades. NS*36514, (1)

CÓNYUGE: (Ver esposo o esposa). NS*36576, (9)

Los Sueños y Usted

CORRER: Si corres solo y llegas a tu destino o meta, te espera buena fortuna. Si te corres de algo o no sabes que te estás corriendo, son problemas que no sabes de donde vienen, piensa bien lo que vas hacer; correr desnudo sin ninguna razón problemas psicológicos, demencia. NS*36995, (5)

CRISTAL: Cuando hay paredes de cristal en la cual tú ves a través de ella, es un sueño bastante afortunado, el cual estás viendo una claridad donde te quieres proyectar, donde quieres ir y como te estás viendo; para la gente de negocio es bueno, porque quiere decir que sus esfuerzos se están proyectando; una ama de casa, está viendo sus frutos, sus hijos están bien en la escuela, y/o su relación matrimonial está yendo bien. Muchacho(a) joven, los sucesos están marchando bien, empleados en su trabajo todo está claro, no hay conflictos de nada. NS*39916, (1)

CUATRO: Número de la estabilidad, como la mesa, que tiene cuatro patas, año bueno, estabilidad emocional y económica. NS*33126, (6)

CUCHILLO: Tiene que ver mucho con las emociones, contrólate. Roto, decepciones. Cortarte con un cuchillo, estás perdiendo el control de tus emociones, tranquilízate. NS*33383, (2)

Letra D

Los Sueños y Usted

DADOS: Nos estamos dejando llevar por la suerte y los eventos sin hacer un paro en analizar lo que es mejor para ti. NS*41461, (7)

DEDOS: Relacionado a ti y a tu familia. Dedo índice, eres tú y lo que le suceda a tu dedo índice está asociado a ti; ejemplo: quemártelo, purificación, comienzo de proyectos olvidados. Dedo del medio, familia. Dedo gordo, Dios. Dedo del anillo, carrera. Dedo pequeño, placeres. NS*45461, (2)

DELGADO: Si te ves y te gusta como luces, estas contento con tu apariencia física, es bueno ya que es una realización hacia tu autoestima, pero si es demasiado delgado, tendrás pérdidas monetarias. Recomendación, trata de no gastar en cosas innecesarias. NS*45372, (2)

Desbordamiento de un rio: Ver que tu casa se inunda (a causa del desbordamiento de un río), posibles peleas con ciertas amistades o enemigos tuyos. NS*45125, (9)

-*El agua va creciendo y se desborda un río,* buenas noticias, depende a lo que uno se dedique, ejemplo si es un problema legal, se te resolverá, si es divorcio, o cualquier otro problema. Relacionado al trabajo o asuntos legales.

DEFORMIDADES: No es buena suerte, ver cualquier deformidad en sueños, ya sean personas o animales, cuídate de las apariencias y de no meterte en problemas legales. NS*45669, (3)

DENTISTA: Asociado con la salud ya que los dientes representan la salud tuya y de tu familia. Hijo(a) en el dentista, enfermedad o problema relacionado a uno te tus hijos. NS*45534, (3)

DESCALZO(A): Asociado a trabajo arduo y dificultades que solamente con perseverancia podrás superarlas. Verte caminando descalzo en un camino pedregoso, largo camino por recorrer antes de poder llegar a donde quieres llegar. Recomendación, ten mucha paciencia y no te rindas. NS*45139, (4)

DESCONOCIDOS: Siempre y cuando hayan buenas relaciones con los desconocidos no hay problema, lo contrario si ahora enfrentas el problema resolverás cualquier cosa que se te ponga de frente. NS*45131, (5)

DESNUDEZ: Entre menos ropa tengamos mejor, mejoría económica, sensualidad y deseos. No tener pena en hacer cualquier cosa o proyecto en la vida, aceptarse a sí mismo. NS*45152, (9)

Los Sueños y Usted

DESOBEDIENCIA: Desacuerdos con familiares. Analiza el suceso, con quien surge esa desobediencia. Si eres tú, deseo de libertad. Si en cambio te desobedecen tus hijos, temor. NS*45167, (5)

DESTRUIR: Si alguien destruye algo que te pertenece, tus enemigos te envidian ya que estás bien. En cambio, es lo opuesto si eres tu quien destruye. Recomendación, hazte un autoanálisis de tu persona para ver qué área de ti podrías estar destruyendo. NS*45123, (6)

DIAMANTE: Tiene diversas interpretaciones, según la posición económica del soñador puede verse como un signo positivo o negativo. Para una mujer posible compromiso o matrimonio. Para otros es un excelente signo de proximidad de dinero. NS*49144, (4)

DIENTES: Dientes de adelante asociado a la familia más cercana y/o a uno, significa que alguien de tu familia puede estar enfermo o la muerte de un familiar, si estos se caen. Si te duele cuando el diente se cae, te entristecerá la muerte de ese familiar, si no te duele cuando se cae, es un familiar lejano o que no compartían. También respecto a la salud interior del durmiente o de alguien muy cercano que esté enfermo. NS*49558, (4)

DINERO: Ver dinero es buen presagio y encontrarlo mejor aún, satisfacciones culminadas no necesariamente relacionadas solo a dinero, sino a otros asuntos familiares, etc. Que te roben, mal auspicio. Contar dinero y te falta, estarás corto con tus pagos. En personas con necesidades económicas refleja deseos no satisfechos y anhelos. Contar dinero de billetes grandes y repartirlo entre la familia, mejoría económica, fortuna para ti y toda tu familia. Eres generoso. NS*49556, (3)

DOLOR: Refleja arrepentimiento del soñador; por alguna causa consciente o inconsciente que hizo. Si el dolor es suave es relacionado a la salud. Si es profundo y fuerte posibles ganancias, siempre que no haya hecho nada malo a alguien recientemente. NS*46369, (1)

DOS: Número femenino, par que representa la pareja, número de balanza y estabilidad. NS*461, (2)

DRAGÓN: Alegrías y Riquezas. Si te quiere atacar con su fuego, desilusión amorosa. NS*49172, (5)

DURMIENDO: Si nos vemos dormidos refleja que estamos distraídos. Hay que poner un poco más de atención; dormir con alguien del sexo opuesto todo anda bien; esposo y esposa durmiendo juntos en la cama y que una tercera persona esté en medio, problemas matrimoniales. NS*43942, (4)

Letra E

Los Sueños y Usted

EDAD: Si te preocupa, señal de enfermedad. Satisfecho con la imagen de mayor, sabiduría.
NS*5414, (5)

EDIFICIO: Aspiraciones cumplidas y realizadas, entre más alto es el edificio mayor será nuestro beneficio. NS*54969, (6)

ELEFANTE: Si lo ves saludable libre, presagia buena fortuna, nuevas e importantes amistades, amigos nobles y libertad. Si el elefante esta enjaulado, peligro.
NS*53564, (5)

ELEVADOR: Al igual que escalera, Si el elevador va hacia arriba es fortuna, posible asenso y éxito. Lo contrario si va hacia abajo. NS*53542, (1)

ELEVAR/ELEVACIÓN: Toda elevación es positiva en cualquier aspecto de nuestra vida. Llegar a la parte más alta, alcanzar tus mestas. Que tu cuerpo se eleva, espiritualidad. NS*53542, (1)

EMBARAZO: Sueño favorable especialmente si estas en medio de un proyecto, idea o iniciando uno ya que pronto saldrá a la luz pública. Complicaciones en el embarazo, tendrás obstáculos antes de llevar a cabo ese proyecto que tienes. NS*54216, (9)

EMPERADOR/EMPERATRIZ: Si la(o) vez a distancia, deseo de superación. Serlo, realización. NS*54752, (5)

EMPLEADO(A): Verte en el trabajo haciendo tu mismo trabajo, te está absorbiendo tu trabajo, tomate unas mini vacaciones o desconéctate al llegar a tu casa. Si te dan un ascenso, deseo que pronto se te realizara si estás haciéndolo bien. NS*54737, (8)

ENANO: Conflictos en la familia. NS*55156, (4)

ENFERMERA(O): Te preocupa que tu o alguien cercano a ti se enfermé. La vestimenta es importante. Ver colores. Interpretación compuesta. NS*55651, (4)

ENFLAQUECER: (Ver adelgazar). NS*55635, (6)

ENGORDAR: Riquezas, buenas épocas, proximidad de dinero. NS*55764, (9

ENROLLADO(A): Lucha interna. Recomendación, habla con tu yo interno y ponte de acuerdo desenróllense juntos para poder alinearse.
NS*55995, (6)

Los Sueños y Usted

ENVIDIA: Tenerla, tus proyectos no salen como lo esperabas. Que te tengan envidia, te realizaras, otros, te admiran no solo por tus logros económicos.
NS*55595, (2)

ENVIAR: Usualmente cuando damos recibimos, estas esperando buenas noticias. Recomendación, pon tu mente con la seguridad que lo que desees lo recibirás para así atraer solamente lo que quieres.
NS*55591, (7)

ESCALAR: Si llegas a la meta, ya sea una montaña, es éxito en lo que te propongas, si te caes, tus metas están más altas que tus habilidades, salir bien, llegarás con dificultades. Refleja los deseos de superación, ambición. NS*51314, (5)

ESCALERA: Si vas subiendo, así iras en tu vida, si vas subiendo muy rápido, llegaras a las metas que te has trazado antes de lo planeado. Si vas subiendo lentamente, con seguridad, tus metas y proyectos se llevaran a cabo lento, pero seguro. Si por el contrario vas bajando, tus aspiraciones se van al piso. Si es una escalera floja, asegurate más de tus decisiones antes de cada paso en tu vida. Si es una escalera fuerte ve con confianza. NS*51319, (1)

Ivania Alvarado

ESCRIBIR: Comienzo de muchas cosas, cambio de vida de uno. (Ver autógrafo), denota habilidades por descubrir lo que tienes guardado. Vocación de un poeta. NS*51392, (2)

ESCRITOS: Los manuscritos no son tan buenos presagios, hay que ver que hay escrito y si nos agrada o no lo que leímos, ya que pueden ser descubrimientos.

NS*51399, (9)

ESCUELA: Estar en la escuela denota estrés en el soñador o recuerdos de infancia. Si tu estas en la escuela, tienes alguna preocupación. También son nuevos proyectos para la gente de negocios.
NS*51339, (3)

ESMERALDA: Si la compras, es bienestar; usándola, mejoría económica; joyas muy ostentosas, si tienes dinero, no es buen augurio, pero si eres pobre denota tu ambición por la superación. Es una piedra verde que presagia trabajo arduo, pero seguro para conseguir dinero, para el pobre dinero fácil, para el rico dificultad. Clase media, labor alcanzada a través de trabajo. NS*51459, (6)

Los Sueños y Usted

ESPECTÁCULO: Es un sueño positivo si no abandonas el lugar antes de haber analizado, o si no te sientes bien. NS*51753, (21)

ESPEJO: Se atañe a traición o traiciones de parte nuestra o de otras personas hacia nosotros, depende de quien se ve al espejo. NS*51757, (7)

ESPINA: Hacerte daño con una espina, obstáculos, no paso nada, saldrás ileso. Depende en que parte de tu cuerpo te clavaste la espina. Pie o mano izquierda, tu parte artística se verá obstaculizada y dependerá si te penetro o no te paso nada será solo algo pasajero. La derecha, está vinculado a tu parte analítica, economía, trabajo. NS*51796, (1)

ESPINA DORSAL: Si está saludable, tienes control de tus nervios. Curvada, amenaza de enfermedad.
NS*51796, (1)

EXAMEN: Denota estrés en el soñador, tienes que tomar reposo, le pones mucha mente a las cosas. Salir bien de tu examen, resolverás tus inconveniencias, de lo contrario te encuentras en un callejón sin salida. NS*56141, (8)

Exilio: Si estás en tu país natal y te ves en el exilio, cambios drásticos. NS*56936, (11)

Letra F

Los Sueños y Usted

FABRICA: Fábrica funcionando, tendrás fortuna en tus negocios y planes financieros. Fábrica abandonada, fracaso. Poca actividad en la fábrica, perdidas. NS*61297, (7)

FABULA: Estar dentro de la fábula, deseas tener a gritos un buen consejo o deseas dárselo a alguien.
NS*61234, (7)

FACTURA: Darle a alguien que te page, temor de perder sobre inversiones. Pagarla, buena suerte y fortuna. No pagarla, estas en boca de la gente. Que te den una factura. NS*61324, (7)

FAMILIA: Soñar que vemos a nuestra familia es de muy buena suerte y especialmente si tenemos buenas relaciones con ellos, de no ser así, necesidad de acercamiento, posiblemente se mejoraran las relaciones familiares. NS*61494, (6)

FANGO: Estamos envueltos en algún chisme o conflicto. Posible pérdida de dinero, en algunos casos enfermedad, según como se presente el sueño.
NS*61576, (7)

FERROCARRIL: Cambio a tu favor ya sea solo, con familiares o con alguien. NS*65995, (7)

FEO: Ver a alguien feo no es ninguna mala señal, pero si está deforme sí. Si te molestó es de buena suerte. NS*656, (8)

FLORES: Gran dicha si las recibes, buen pronóstico ver flores. Flores rojas estás enamorada(o), pronto te pretenderán, flores blancas, paz y felicidad en la familia. Ver colores. Sueño compuesto. NS*63696, (3)

FLAMENCO: Si eres tu quien baila flamenco, recibirás dinero sin tener que esforzarte mucho. NS*63141, (6)

FINCA: Ver la finca de lejos, deseo de tranquilidad. Finca con animales, ganancias duraderas si los animales están en buena salud y disposición.
 NS*69531, (6)

FLOTAR: Mientras te mantengas a flote es de buen agüero. Si te hundes, adversidades. Animal muerto flotando, inseguridad. NS*63621, (9)

FÓRMULAS: Personalidad inquieta, inconformista. Si trabajas con fórmulas podrían tus sueños darte la respuesta a lo que necesitas para crear esa fórmula perfecta que estas creando. Si eres un estudiante, es el resultado de tus estudios. Encontrar la respuesta en la fórmula, satisfactorio para tus planes, en cambio sí

Los Sueños y Usted

en el sueño no terminas la formula o no puedes, es perjudicial y te tomara más trabajo terminar tus proyectos. NS*66948, (6)

FOTOS: Es contradictorio como es bienestar para algunos, es traición para otros. Fotos muy hermosas, traición. Borrosas, futuro incierto. Ver tu foto y agradarte es bueno. Novio(a) tomando fotos, él/ella te miente. NS*6626, (2)

FRANCOTIRADOR: Visión global, enfoque, la mayoría de las veces te gusta trabajar solo y en ocasiones pasar por desapercibido(a). Si te vez como un francotirador y te falta el rifle, te habrás preparado para algo por largo tiempo y al final no estarás listo(a), algo fallara. Sueño de advertencia. Recomendación, revisa tu plan una y otra vez hasta encontrar el problema, si no lo encuentras, crea un plan B.
NS*69155, (8)

FRAUDE: Sueño del tipo de advertencia si el que comete el fraude no eres tú, tienes que tener cuidado con tus empleados o de alguien en quien tú confías, si sabes quién es en el sueño, investígalo para salir de dudas. Si eres tú el que comete el fraude, éxito.
NS*69139, (1)

FRENTE: Denota honra, intelecto y bienestar. Si tiene alguna deformidad o defecto, es lo contrario. NS*69557, (5)

FRUTAS: Si están hermosas y saludables es buen augurio, podridas, es lo contrario. Comer frutas dependerá si las frutas están en buenas condiciones o no. Además si están o no de tiempo, será el tiempo para saber si algún plan ya está listo o le falta todavía para que se realice. NS*69322, (4)

FIEL: Es contradictorio a infidelidad, traición. No confíes tanto. NS*6953, (5)

FUEGO: Transformación, todo depende de la situación en que nos encontremos. Si tenemos problemas amorosos se resolverán a largo plazo. Si estás en problemas económicos, seguirán por más tiempo. Si te quemas tendrás grandes problemas, si no le hace daño a nadie saldrás exitoso de cualquier problema. Si aunque te quemes te sientes bien, significa renovación. NS*63576, (9)

FUGA: Fugarte de algo o te escapas de donde estabas atrapado, significa que te sientes así y que quieres escapar, estás pasando por un grave problema, si llegas a escaparte y nadie te agarra saldrás bien de

Los Sueños y Usted

todo, si por el contrario te cogen, te será difícil salir de ese problema, temor inmenso. NS*6371, (8).

FUNERAL: Es de significado contrario, no te asustes, tendrás éxito en tus proyectos. Verte vestido(a) de negro en un funeral es de buena suerte. Un funeral de un familiar tendrás una larga vida y salud.
NS*63554, (5)

FUTURO: Verte en el futuro, representa por lo general mensajes el cual puede ser para ti o para alguien que tu conozcas. Presta mucha atención. Hay ocasiones en que tú sientes que ya has estado en algún sitio el cual es imposible que tú hayas estado y es por eso, ya estuviste allí en sueños. También sucede con personas. NS*63236, (2)

Letra G

Los Sueños y Usted

GALÁN: De telenovela ver famoso. NS*71315, (8)

GALERÍA DE ARTE: Abundancia y prestigio. NS*71342, (8)

GALLETA: Insuficiencias. Galletas de frutas, dependerá de lo que la fruta signifique, galleta con uvas, ampliación de tus ganancias. Combinadas con dulce como el chocolate, recibirás un regalo.
NS*71338, (4)

GALLINA: Buena señal en todo si ves los huevos, cuanto más huevo mejor. Gallina con un huevo de oro, ganancias, regalías de duración corta. NS*71336, (2)

GALLO: Es bueno escuchar que un gallo canta por la mañana ya que tus planes saldrán en el tiempo indicado. Que el gallo canta de noche, aviso que algo no está bien. Organiza tu agenda. NS**71336, (2)

GALLO PINTO: Pelea sin sentido, (arroz con frijoles). NS*71337, (21)

GANADO: Al igual que vaca es de excelente suerte en lo económico. Si el ganado se ve hermoso tendrás mucho dinero duradero. Si es lo contrario, tendrás un año con contrariedades económicas. NS *71511, (6).

GATO: Es la feminidad, la intuición, lo mágico. También dependiendo del color del gato (si es blanco, negro, etc.) puede alterar el significado el del sueño.
NS*7126, (7)

GASTAR: Este es del tipo de sueño de advertencia, a menos que estés en el mes de diciembre, es tu subconsciente que está diciéndote lo que vas o estás haciendo, hazle caso, no te aceleres en tu vida.
NS**71121, (3)

GAVIOTA: Volando, deseo o cumplimiento de libertad. Pescando, enfoque, poder sobre tus adversarios. Estacionada, estrés, necesitas descansar o podrás enfermarte. NS**71499, (3)

GAS: Es positivo en muchos aspectos relacionado a donde en este momento tengas tu visión. Caminar con una lámpara de gas, visión en tus objetivos. Apagada, perturbado, no encuentras la salida a tus problemas.
NS**711, (9)

GEMAS: Las piedras preciosas son sueños comunes de algunas mujeres por los deseos de poseerlas, no son de buena suerte si no las desean, depende también del color. Aguamarina, prosperidad, espiritualidad, esmeralda, trabajo arduo, rubí, pasión, deseos carnales. NS*75411, (9)

GEMELOS: Si los sueñas cuando son bebés, tendrás dos dificultades, niños grandes éxito y felicidad. NS*75451, (4)

GENIO: Aunque sabes que tienes varios deseos y lo que deseas es difícil, aun te mantienes optimista. Recomendación, sigue con optimismo que todo es posible si lo puedes creer. Genio que no cumple, has tenido una gran racha de decepciones, calamidades y a consecuencia has perdido todas tus esperanzas. Recomendación, imagínate que el genio si te cumple.
NS*75596, (5)

GENTE: (Ver conocido o desconocido). NS*75525, (6)

GESTO: Hacerlo con la actitud, control. Con tus manos, estas llamando la atención de alguien y tú quieres ser percibido(a). NS*75126, (21)

GIGANTE: Verte gigante, alta autoestima. Ver un gigante, rival. Varios gigantes, Obstáculos, tienes varios problemas que resolver. Si ves que todos a tu alrededor son gigantes, tu autoestima está muy por debajo. Que te ataque y pierdas, tus problemas te adsorberán. Vencer a un gigante, triunfo sobre tus enemigos. NS*79713, (9)

GLORIA: Incompleto. Sientes que aun no te has realizado o te falta algo en tu vida por realizar.
NS*73691, (8)

GOMA(S): Si son de hule, flexibilidad y una vida activa. En mal estado, retrasos en tus planes. Varias, se duplica el resultado. NS*76411, (1)

GORDO: (Ver engordar). NS*76946, (5)

GRANOS: Sueno afortunado en todo lo referente. Quemándose, grandes pérdidas. NS*79157, (11)

GRANIZO: Grandes calamidades dependiendo de los destrozos que estos generen. Salir herido es aún peor, pero si sales ileso, todo pasara. NS*79156, (1)

GRILLO: Escucharlo, prosperidad, días felices, mejores épocas. Que no se escuche, necesidad de mejoría. NS*79939, (1)

GRIS: Si se refiere al cielo, problemas venideros, si es al color es la combinación (blanco y negro) siempre va a recalcar el color claro lo positivo, mejoría, pero dependerá del estado de ánimo que tu estés en este

momento, será el que predominara. Parte negativa, conflictos por estado de ánimo, depresiones pasajeras.
NS*7991, (8)

GUARDAESPALDAS: Instinto de sobreprotección asía tus seres queridos. NS*73191, (21)

GUERRA: Problemas domésticos, conflictos internos y en el trabajo no muy afortunados. Se refiere también del subconsciente si vimos alguna película o estamos pasando por algo similar nosotros mismos o algún familiar. NS*73592, (8)

GULA: Advertencia a excesos. NS*7331, (5)

GUSANO: Gusano convirtiéndose en mariposa, éxito rotundo. Gusano en la tierra o en las frutas, es la parte negativa de nosotros. Tenemos que cambiar nuestra manera negativa de ver las cosas.
NS*73112, (5)

Letra H

Los Sueños y Usted

HABICHUELAS: Significa tener buena salud ya sea comerlas, cocinarlas. Colectarlas o verlas en grano, ganancias. NS*81296, (8)

HABITACIÓN: Si son varias te irá bien en el momento menos esperado. Una habitación, tienes muchos o ciertos secretos por descubrir. Si está vacía alguien te quiere abandonar o abandonarás un trabajo, proyecto o a alguien. Habitación sucia y desarreglada, enfermedad del soñador si es de un familiar, enfermedad de un familiar. NS*81298, (1).

HABLAR: Si sabemos lo que hablamos y es algo con sentido tienen el poder del habla. Si no entiendes lo que hablas o escuchas temor de expresamos libremente, cuídate de calumnias. NS*81231, (6)

HABILIDAD: Desempeñar una habilidad que tú no tienes, pronto te reconocerán por un logro que no habías sido reconocido(a) a anteriormente. También es una insuficiencia que tienes o debes de aprender algo nuevo que te gusta y no has tenido el dinero o el tiempo para hacerlo. NS*81293, (5)

HACHA: Todos lo que tenga que ver con armas blancas de filo, representan proximidad de pugnas.
NS*81381, (3)

HALAGOS: Falsos amigos. NS*81315, (9)

HADA MADRINA: Si tienes una Hada Madrina, deseo de resolver tu situación. Si tú eres el Hada Madrina, quiere ayudar más de tus posibilidades, cuidado con tratar de dar o prometer más de lo que tus posibilidades puedan. NS *8141, (5)

HALCÓN: Para algunos es envidia por parte de algunos amigos y enemigos por lo versátil y exitoso que estas siendo en tus asuntos. Éxito, rápido y celoso(a) de tus cosas. NS*81332, (8)

HALLOWEEN: Es tiempo de darte el tiempo a tus deseos que han estado por mucho tiempo retenidos. Si tú te ves como niño o con muchos niños compartiendo, tus deseos son relacionados a cosas infantiles.
NS *81338, (5)

HAMACA: Si tienes hamaca en tu casa recuerda porque la compraste y como te sientes cuando te acuestas en ella, esto tendrá mucho que ver. Relacionado a perdidas pequeñas sin mucha importancia que pronto las recuperaras y se te duplicaran. NS*81414, (9)

Los Sueños y Usted

HAMBRE: Es usual tener hambre en el sueño si acabas de comenzar una dieta, de no ser así es una buena señal en el ambiente económico. NS*81425, (2)

HARÉN: Relacionado a habladurías. No comentes por un tiempo tu vida personal a nadie. NS*81955, (1)

HARINA: Es bueno si haces algo productivo con ella como pan, pasteles, etc., de lo contrario si sólo juegas con ella tendrás problemas de dinero. NS*81996, (6)

HEBILLA: Si está en buenas condiciones, es de buena suerte. Si está dañada o se te desabrocha, presagia dificultades. NS *85297, (4)

HECHICERA: Si eres tú, tendrás suerte. Que vea a una hechicera que hace alguna poción, tus amistades hablan mal de ti. NS*85389, (6)

HERIDA: No es mal presagio siempre y cuando no te de hemorragia y la sangre no te salpique o traspase la ropa. Si no te duele todo está bajo control. Herida en el pecho o el corazón te estás enamorando, herida con hemorragia en la nariz cuídate mucho, estás perdiendo tu olfato, no estás percibiendo de donde Viene el problema. NS *85995, (9)

Ivania Alvarado

HERMANA/HERMANO: Si tienes buenas relaciones con ellos y están en buenos términos en el sueño es felicidad duradera, si pelean, tendrán ciertas riñas familiares. NS *85947, (6)

HIERBAS: Es una buena señal todo lo relacionado a la naturaleza y especialmente si tienen buen olor y son hermosas. NS*89594, (8)

HIJOS(A): Cuando sueñas con tu hijo se refiere a tu hija y viceversa, por lo general si sueñas con tus hijos y son adultos y los ves bebés, es que los has ido perdiendo y quieres vivir memorias pasadas, volver atrás, si es que tienes buenas relaciones con ellos, si no para ver en que fallaste y reparar. Se tiene ese tipo de sueños cuando nuestros hijos llegan a alejarse, dado a mudanza o cuando se casan. NS*89161, (7)

HILO: Trabajar o hacer algo con hilo, riqueza gracias a tu planificación financiera en el pasado, sigue siendo organizado. Cortar el hilo, pérdidas monetarias debido a improvistos o malas decisiones. Desenredar, resolverás un evento. Que otra persona desata el nudo, veras como alguien que estaba mal se encaminara.
NS*8936, (8)

Los Sueños y Usted

HOGAR: Es de buena suerte ver tu propia casa y especialmente si ésta te trae buenos recuerdos. Anhelos pasados, hogar vacío, desgracia familiar. NS*86719, (4)

HORMIGA: Depende que tipo de hormiga. Si son las hormigas locas, estas sin rumbo. Hormigas al aire libre, actividad productiva en tus negocios. En tu hogar, posible enfermedad tuya o de algún familiar.
NS*86949, (3)

HONGOS: En el bosque, te atrae todo lo relacionado a la naturaleza o estas necesitando irte a relajar. Verlos, te adaptaras rápido a una situación. Comerlos, deseas experimentar nuevas experiencias. NS*86587, (7)

HUNDIRSE: En el agua es la manera como las metas se nos están hundiendo. Si tratamos de salir a la superficie y lo logras, resolverás tus problemas, si no, enfrentarás grandes conflictos. NS*83546, (8)

Letra: I

Los Sueños y Usted

ICEBERG: Si chocas con él o no te deja pasar, enfrentaras gigantes obstáculos que solamente tu destreza te sacar de esa dificultad. Si pasas el Iceberg, triunfo después de poner tu fortaleza a prueba.
NS*93523, (4).

INCUBADORA: Salir triunfante de tus negocios, proyectos ya sean personales o en general. *95335, (7).

ÍDOLOS: Toma precaución de a quien le entregas tus sentimientos. NS*94637, (9)

IGLESIA: De diversos significados, honra, pesar, arrepentimiento, dicha, consuelo, felicidad. Si te ves rezando, buenas épocas, si estás peleando en la iglesia, desdicha. Para los solteros compromisos, posible boda.
NS*97352, (8)

IGUANA: Frialdad, enemigos. Depende también del color, claro, buen presagio. Oscuras, problemas amorosos. NS*97316, (8)

IMAGEN: Desafortunado en uno o varios aspectos depende de cuantas imágenes vistes. Recomendación, evita exponerte a decisiones, conflictos por un tiempo.
NS*94171, (4)

INCA: Espíritu libre para unos y para otros es un deseo de encontrar la felicidad. Tú lo sabrás cual aplica para ti con solo hacerte una pregunta. ¿Eres feliz? ¿Eres un ser libre y espiritual? O quizás estas buscando estar en ese punto de tu vida y tus sueños te están dirigiendo hacia lo que necesitas para encontrarte con tu yo interno. Si has estado leyendo sobre el tema no se toma en cuenta. NS *9531, (9)

INCENDIO: Buena fortuna, si es tu casa son pasiones. Aunque también para algunos son "advertencias", cuando ha tenido este tipo de sueños ha experimentado un incendio o posible incendio hay que tomar precaución y revisar todo en la casa y en su negocio. NS *95355, (9)

IDIOMA: Si dos o más personas hablando en un idioma diferente al nuestro, estamos o somos introvertidos, deberías comunicarte más. Si hablamos un idioma diferente al de los demás, falta de comunicación. Alguien ensenándonos un idioma nuevo, posible viaje al extranjero. NS*94965, (6)

IMÁN: Estas en todo tu esplendor a lo relacionado con ley de la atracción. Recomendación, has repeticiones positivas hacia lo que realmente tu deseas atraer, ya que puedes atraer algo a tu vida que no quieres por el simple hecho de pensarlo o tienes temor hacia eso que piensas. Usalo a tu favor y no en contra. NS*9415, (1)

INFIDELIDAD: Cuando se sueña al ser amado que te es infiel es larga vida en tu matrimonio, siempre y cuando sea de tu subconsciente, o sea que no esté pasando o que te lo hayan dicho. Al mismo tiempo denota inseguridad si ves a tu pareja que te es infiel o eres muy celoso(a). NS*95693, (5)

INFINITO: Cambios relacionado a tu futuro, posible viaje. Si aparecen las constelaciones, sorpresas, evita las especulaciones ya que las sorpresas pueden ser buenas o lo contrario. NS *95694, (6)

INGRESOS: Si recibes a manos llenas dinero por lo general es lo contrario, hay que ver cómo va el sueño. Si es contar dinero, no es mala señal. Perderlo prestarás dinero y no te lo pagarán. NS *95794, (7)

INMORTAL: Viril, fuerte como un roble, así te sientes en óptimas condiciones si te sueñas que tú eres inmortal. NS*95466, (3)

INTERNET: Gran destreza en las comunicaciones, desconfianza, precavido(a). Si tú no lo eres entonces tus sueños te están aconsejando que optes esta actitud y tomes acción. NS *95253, (6)

INTESTINO: De animal, es común en personas que trabajan en lugares donde matan animales. Que tus intestinos se desboronan, temor a paralizarte por las adversidades. Si estas padeciendo de dolores en los intestinos también podrías experimentar este sueño como anunciador. Recomendación, ve al médico si tienes algún dolor. NS*95255, (8)

INUNDACIÓN: Si ves que tu casa se inunda, puede ser que a lo mejor puedas tener peleas con ciertas amistades o enemigos tuyos; o con alguien.
NS*95351, (5)

INTERCAMBIO: Para algunos es un sueño anunciador de problemas económicos si eres un empresario rico, si no lo eres es destreza en los negocios ya que te valdrás del intercambio para poder realizarte. NS*95256, (9)

INVALIDO(A): Anuncia obstáculos. Si te recuperas, podrás salir airoso de la situación en que te encuentras. NS*95414, (5)

INSECTO: Situaciones desagradable relacionados a tu ambiente laboral. NS*95152, (4)

Los Sueños y Usted

ISLA: Si te ves solo en ella dificultades que tú mismo te has creado, si logras escapar, solucionarás tu problema con dificultad, lo harás. NS*9131, (5)

IRA: Mal humor; si pierdes los estribos sin ninguna razón estás estresado haz un paro a tu vida y piensa en lo que estás haciendo si es por causa justa no hay ningún problema. NS*991, (1)

Letra J

Los Sueños y Usted

JABALÍ: Te has ganado un peligroso enemigo, si eres perseguido por este animal o sales lastimado. Si lo matas, saldrás victorioso. *12139, (7).

JABÓN: Aclaración de un enigma y limpieza de tu exterior si te bañas con él. Si te lavas las manos, eres como Poncio Pilato. *11265, (6).

JADE: Ganancias. Si solamente la ves, tus ganancias llegaran solamente con esfuerzo de tu trabajo. Si la llevas en el cuello, recibirás dinero. Venderla, posible pérdida. Que te la regalan, recibirás dinero, herencia, regalos. *1145, (11).

JAGUAR: Desconfianza en alguien que se desatan en confusión. *11731, (4).

JAMÓN: Ganancias, siempre y cuando este bueno. Podrido, Perdidas. *11465, (8).

JARDÍN: Excelente señal ya sea para los negocios como personal, siempre y cuando el jardín esté bello todo lo que tiene que ver con la naturaleza, felicidad en tu familia. Si está seco problemas familiares y económicos. *11945, (2).

JAULA: Interpretado por lo general negativamente, ya que es prisión. Si nos vemos enjaulados, todas nuestras expectativas y sueños se ven reprimidos, libérate. Un animal salvaje enjaulado triunfo, falta de libertad de expresión. NS*11331, (9)

JEFE(A): Depende la relación actual que tengas con tu jefe. Usualmente avecina situaciones delicadas con tu trabajo. Evita discutir en el trabajo y las habladurías. Si en el sueño tienes relaciones amorosas con tu jefe, mejoramiento de tus relaciones comunicativas en tu trabajo que no tienen nada que ver con amoríos. NS*1565, (8)

JERINGA: Sientes la necesidad de pedir ayuda en propósitos laboriosos. NS*15994, (1)

JESÚS: Uno de los sueños más hermosos, predice cambio positivo para el soñador. Si es un joven que lo ve, mejorará su carácter y manera de ver la vida, predice milagros y gran felicidad todo lo que desea se le cumplirá. Si lo ves en una ciudad específica es mejoría de esa ciudad. Mujer embarazada tendrá un hijo el cual estará orgullosa por el resto de su vida. Tendrás larga racha de bienestar y prosperidad. Si están en algún problema saldrás airoso de él.

Los Sueños y Usted

JIRAFA: Has estado un poco fuera de la realidad y esa postura hace que otros te vean esquivo.
NS*19917, (9)

JOCKEY: Verte tu en jockey y ganar, te será fácil todo lo que te propongas, si pierdes alguien te engaña.
NS*16323, (6)

JOROBADO/JOROBA: Si vez un jorobado en tu sueño tendrás cambios en tus asuntos y proyectos, te estarán vigilando tus acciones. NS*16964, (8)

JOYAS: Favorable tanto para los enamorados, parejas, como para los comerciantes, sea que te las regalen o las regales, lo contrario si te las roban. Si tratan de robártelas, alguien quiere robarte en tu casa o negocio. NS*16711, (7)

JUEGO: No son tan buenos los juegos de apuestas, si solamente los observas es de buena suerte, ya que aprendes de otros. NS *13576, (4)

JUNGLA: Representa nuestro yo interno, nuestra autoestima, cuan seguros estamos de nosotros mismos. Hazte esta pregunta. ¿Tenías temor, hubo sonidos, oscuridad que te atemorizaron? Si tu respuesta es sí, tienes que trabajar en más en ti. Si todo fue bonito iluminado, así está tu yo interno y tu relación. NS*13574, (11)

JUVENTUD: Si te ves más joven que la edad que tienes o eres anciano, tienes fuerza y deseas seguir aprendiendo, entraras en nuevos proyectos que te requerirán más tiempo de ti. NS*13455, (9)

Letra K

KARAOKE: Necesidad de ser alguien el cual se nos distinga entre la multitud, sin importar el papel que tengamos que hacer. Si la letra o canción es romántica, deseas a alguien que te valore y estás dispuesto a poner de tu parte aun que hagas algo que tú no estás acostumbrado. Canción fluida, serás una mejor versión de ti al aprender actitudes nuevas para tu beneficio. NS*21914, (8)

KARATE: Si eres tu quien lo practicas, disciplina, seguridad. Traje blanco, fortaleza mental. Rojo, Furia, temor de ser amenazado. Negro el traje no el cinturón, Deseo de ganar a toda costa sin importar a quien tengas que atropella. NS*21917, (2)

KILO: Referente al peso de tu cuerpo, te preocupa mucho la imagen que proyectas. Kilo de algún producto en una pesa, piensas que tus ideas aún no están totalmente completadas y que debes de agregarle algo más si el peso es muy liviano, si pesa mucho, vales mucho tu o el proyecto. NS *2936, (2)

KILOMETRO: Si ves que la distancia a dónde vas es corta, así será tus metas, de lo contrario te tomará más tiempo en realizarlas. NS*29368, (1)

Los Sueños y Usted

KAYAK: Depende de las condiciones del mar/agua y la destreza que tengas al manejar el kayak. Si el agua esta turbia, dificultades relacionado a lo que ves. Si el agua está limpia y serena, fortuna en lo que te da placer. Si te es fácil manejando el Kayak, todo está a tu favor relacionado a tu trabajo físico. Difícil de manejarlo y/o te caes al agua, dificultades en resolver un proyecto. NS*21712, (4)

Letra L

Los Sueños y Usted

LABERINTO: Estás confundido en tu vida, no te precipites, tienes una trampa y alguien quiere que tu caigas, piensa y analiza cada paso usando la cabeza.
NS*31255, (8)

LABIAL: Deseo de atraer el sexo opuesto. Para otras quieres mejorar tu imagen. NS*31294, (1)

LABIO: Hermosos y saludables refleja salud tanto del soñador como la de todos alrededor. Si son lo contrario, implica enfermedad. Si eres hombre y sueñas con unos labios de mujer sensuales, necesidad del cariño del sexo opuesto, has estado un poco solo o tenido demasiados romances. NS*31296, (21)

LABRAR: trabajo arduo. Que la tierra es fértil ganancias duraderas por tu trabajo de toda tu vida. Si en cambio la tierra esta árida y seca, escases. Prepárate para tiempos difíciles, con tenacidad saldrás lo antes posible si tomas control. NS *31291, (7)

LACTANCIA: Para las mujeres, ternura. Si acabas de tener bebe el cual tu no lo amamantas, deberías hacerlo ya que tienes cierta culpabilidad al no hacerlo. Para los hombres, deseos relacionados al sexo femenino. NS *31321, (1)

LADRILLO(S): Roto, tus planes están siendo amenazados. Que alguien rompa tus ladrillos ya sea de tu casa, problemas en el hogar o edificio, relacionado a un proyecto en tu trabajo. Construir con ladrillos, bases sólidas, ya sea estas trabajando en eso o te advierten tus sueños de hacerlo. NS*31493, (2)

LADRÓN: Presagia desconfianza por los demás, una advertencia a revisar todo en tu casa como en tu negocio, Si atrapas al ladrón tendrás éxito. Si lo ves y no lo atrapas y es de noche o está oscuro tendrás problemas. NS *31492, (1)

LAGARTIJA: Igual que lagarto, pero en mejor grado, ya que es más pequeña, pero se mete donde menos esperas, te traicionaran. Si la matas o atrapas recobrarás parte de lo que has perdido desde tu reputación hasta lo económico. NS*31718, (2)

LAGARTO: Los animales que se arrastran ya sean reptiles, culebras, lagartos, tienen un lado negativo de otras personas o del soñador, cuídate tienes un enemigo. Si usas su piel tendrás éxito sobre tus enemigos y fortuna. NS*31727, (2)

Los Sueños y Usted

LAGO: Todo lo que tiene que ver con agua, mar, ríos, canales, etc. Si el agua está tranquila y cristalina se gozará de paz y tranquilidad en tu hogar, lo contrario si es turbia, son problemas. NS*3176, (8)

LAGRIMAS: Buen signo, ya que llorar nos limpia y ayuda a sacar lo que tenemos dentro, también es consuelo de otros. NS*31796, (8)

LÁMPARA: Necesidad de estar con personas alegres, aunque tienes cierta desconfianza. Sin bombillo, rota o no funciona, has perdido el interés en todo.
NS31472, (8)

Lampiño: Perdida de carácter, dinero o inmadurez. Dependerá de la situación. Si apareces como un niño(a), en tu trabajo, o un hombre sin bigote o barba si la usa y aparece sin nada. NS*31472, (8)

LANA: Protección ya sea que tú le des a alguien o alguna persona a ti. Dependerá si te abrigas con una o abrigas a alguien. Trabajar con lana, ganancias. Si te regalan, te apoyaran buenos colegas en tus proyectos teniendo buenos resultados. NS*3151, (1)

LANCHA: Si esta estática debido a que el motor no arranca, tus planes están esperando por alguien o algo para finalizar el resultado. Lancha yendo rápido, tus planes avanzan rápidamente. Con oleajes altos y fuerte, proyecto difícil y complejo que saldrás muy bien por tu destreza. Aguas mansas, el proyecto que tienes es tranquilo. NS *31539, (3)

LANZA: Protégete de tus enemigos. Tener la lanza en tus manos en forma de ataque, estas siendo competitivo(a), esto es bueno si lo utilizas positivamente. No poder levantarla, tienes problemas de autoestima baja. Recomendación, alaba cada uno de tus éxitos. NS*31581, (9)

LECHUZA: Buena visión en los negocios.
NS *35383, (11)

LEÓN: Ser el León, sabiduría, poder. Que te ataca y/o persigue, problemas con alguien que lo ves superior a ti. Luchar con el León y ganar, triunfar sobre un caso casi imposible de ganar. NS*3565, (1)

LLAMAS: Si no te hacen daño, salgas ileso y se lleguen a controlar, saldrás victorioso del problema en que te encuentras; lo contrario es lo opuesto. Tratarán de hacerte daño, no lo lograrán, la suerte está de tu lado. NS*33142, (4)

LLORAR: Depende del suceso, si se llora por una desgracia a gritos cambios drásticos en tu vida,

Los Sueños y Usted

LAGO: Todo lo que tiene que ver con agua, mar, ríos, canales, etc. Si el agua está tranquila y cristalina se gozará de paz y tranquilidad en tu hogar, lo contrario si es turbia, son problemas. NS*3176, (8)

LAGRIMAS: Buen signo, ya que llorar nos limpia y ayuda a sacar lo que tenemos dentro, también es consuelo de otros. NS*31796, (8)

LÁMPARA: Necesidad de estar con personas alegres, aunque tienes cierta desconfianza. Sin bombillo, rota o no funciona, has perdido el interés en todo.
NS31472, (8)

Lampiño: Perdida de carácter, dinero o inmadurez. Dependerá de la situación. Si apareces como un niño(a), en tu trabajo, o un hombre sin bigote o barba si la usa y aparece sin nada. NS*31472, (8)

LANA: Protección ya sea que tú le des a alguien o alguna persona a ti. Dependerá si te abrigas con una o abrigas a alguien. Trabajar con lana, ganancias. Si te regalan, te apoyaran buenos colegas en tus proyectos teniendo buenos resultados. NS*3151, (1)

LANCHA: Si esta estática debido a que el motor no arranca, tus planes están esperando por alguien o algo para finalizar el resultado. Lancha yendo rápido, tus

LUCIÉRNAGAS: Mezcolanza de libertad, paz, creatividad y espíritu soñador. Si ese no eres tú, búscalo ya que algo de esto está dentro de ti o lo necesitas. NS*33392, (2)

LUNA: Intuición femenina, renovación, algún lado oculto por descubrir, poderes físicos y emocionales del soñador color plata. Si la luna está hermosa y brillante el cielo despejado, felicidad en el amor y dicha. Luna llena, nublado y opaca lo contrario. Luna llena y despejada: Bueno para el amor, luna nueva excelente para negocio y trabajo. NS*3351, (3)

Letra M

MADRE: Sueño muy común. Madre contenta contigo, ella está feliz en lo que te has convertido. Disgustada, mala comunicación. Muerte, no es malo, pero puede que haya una distancia de lugar, no entre ustedes. NS*41495, (5)

MENDIGO: Verlo, te preocupa la situación social de tu país, ayudarlo, te interesa hacer algo que ver con lo filantrópico. NS*45544, (4)

MENDIGAR: Has descuidado algunas áreas de ti no solo tu exterior como tu interior. Cuídate y valórate. Sucio y roto, problemas relacionado al descuido de tu salud. NS*45548, (8)

MANEJAR: Sin rumbo, no sabemos a dónde vamos es pérdida de tiempo. Proyectos que no te están dejando nada, estás perdiendo la perspectiva, vas a estar en un momento de tu vida que no sabes dónde vas ni a dónde dirigirte. NS*41552, (8)

MANICURE: Posiblemente compromiso con alguien mucho mayor que tu, si te arreglan las manos, si tú eres quien las arreglas, deseos de casarte. NS*41592, (3)

Los Sueños y Usted

MANZANA: Las rojas significa prosperidad. Verde y ácida, inmadurez y ganancias a la vez, si eres un profesional se refleja en tu negocio, te va a ir mejor, ganancias; ama de casa, mejoría en tu hogar y económico. Así como la manzana fue lo que hizo pecar a Eva, en el lado negativo deseos de cometer adulterio.
NS*41587, (7)

MAQUETA: Tu mente esta creativa e inquieta. Aprovecha esta etapa de tu viva, ganaras mucho dinero si sacas provecho de tu creatividad. NS*41833, (1)

MAR: Es extenso de hablar, el mar es como nuestro consciente y subconsciente, parte fértil de nosotros. Si está fuerte, estamos en conflicto, teniendo ciertos problemas que debemos de solucionar. Si hay olas grandísimas, nuestros problemas son aún mayores.
NS*419, (5).

MARTE: Como planeta es hierro. Tu Vida no está muy bien y no tienes buenos amigos, te sientes como que quieres irte a otro planeta. Carácter fuerte y explosivo. NS *41925, (21)

MARIPOSA: Buenas noticias, es la metamorfosis seamos nosotros o de alguien, según el sueño, si se ven por el día buena señal especialmente si tiene colores brillosos. NS*41996, (3)

MASA: Acostúmbrate a los cambios. Haciendo tú la masa, pon tu mente imaginativa, inventiva a trabajar y triunfaras. Encontrar engrudos en la masa mientras amasas, habrán contratiempos, pero sigue, serán pasajeros. NS*4111, (7)

METALES: Se tienen que identificar cada uno por separado. Cobre es de opresión. Bronce: No es buena fortuna. Oro: tendrás éxito; color del sol, poder; plata: hay que tener cuidado, es una advertencia en dinero, preocupaciones. NS*45219, (3)

MILLONARIO(A): Dependerá de tu situación actual si estas conforme, Proximidad de dinero, eres positivo y crees en ti. Si estas inconforme, frustraciones. Analízate ya que tendrás que hacer que el dinero trabaje para ti y no que tu trabajas para el dinero solo así finalmente lo atraerás. NS*49339, (1)

MIOPÍA: Falta de enfoque en tus planes y en tu futuro. Comprar anteojos de ver, estas claro(a) de tus desventajas y estás buscando un plan B. NS *49671, (9)

Los Sueños y Usted

MONO: Proximidad de problemas para unos y para otros, el reflejo de estar preparados en la Vida a alternativas, si tienes un problema lo resuelves de una manera u otra como el mono que está agarrado del árbol de un brazo y de la cola para que no se caiga. Es una advertencia. NS*4656, (21)

MONTAÑA: Un signo positivo, emana riqueza y cumplimiento de nuestros propósitos. NS *46527, (6)

MONTAÑA RUSA: Es el Vivo ejemplo de nuestra vida. Si te ves subiendo, estás súper bien, debes de estar preparado para la caída que es más rápida que tu subida. NS*46523, (2)

MONSTRUOS: Pesadillas y proximidad de conflictos, también reflejan enfermedades. Si estamos con calentura, comimos mucho, mala digestión o problemas psicológicos. Consecuente por lo que vimos o escuchamos. NS*46513, (1)

MOSCA: Problemas intrascendentes, relacionado a tus celos. NS*46131, (6)

MUEBLES: Se avecinan cambios que llevas tiempo esperando y que quizás has ahorrado por un tiempo. Muebles de material duro como una mesa de hierro o madera pura, carácter intransigente, deberías de escuchar y analizar otras opiniones también no solo la tuya. NS*43529, (5)

MUELAS POSTIZAS: Aquellas muelas que tienen un tratamiento de rootcanal, coronas, postes, se nos cae y sentimos un poco de dolor, puede ser alguien, una familia política que está pasando por una dificultad, puede estar enferma(o) y/o puede pasar a mejor vida.
NS*43532, (8)

MUERTE: Es enterrar o concluir parte de la vida que estamos llevando y comenzar una nueva. Nacimiento.
NS*43597, (1)

MURCIÉLAGO(S): Si te atemorizan, inseguridad, posible comienzo de una etapa de depresión, cuida tu estado anímico y no permitas que nada ni nadie te baje tu autoestima. Si te sientes bien, nueva etapa positiva y aventurera en tu vida. NS*43934, (5)

Letra N

NACIMIENTO: Es el inicio de todo en la vida. Estás en un nuevo proyecto, abundancia si eres casada(o). Si por el contrario te ves como madre soltera enfrentarás problemas, si estás feliz de ser madre soltera saldrás bien en todo. NS*51399, (9)

NADAR: Si te ves nadando con soltura y seguridad y llegas a tu destino te espera un éxito rotundo. Si en cambio no llegas y sientes que te hundes y tienes temor y nadas con dificultad te espera un arduo trabajo con poca recompensa. Nadar con dificultad si llegas a la meta, aunque te demores llegarás a lo que te habías propuesto. NS*51419, (2)

NAIPES: Descontrol. NS*51976, (1)

NARANJA: Árbol de naranja, relacionado al amor sincero y bonito, si el árbol esta con frutos y en buenas condiciones los frutos. De lo contrario, contrariedades en el amor. NS*51917, (5)

NARIZ: En buen estado, todo anda normal.
Hemorragia nasal problemas financieros. Si apareces en tu hogar, conflictos familiares. NS*51998, (5)

Los Sueños y Usted

NAUFRAGIO/EMBARCACIÓN: Decepción amorosa, pasiones desenfrenadas, posibles conflictos. NS*51365, (2)

NAUSEA: Aviso de que puedes estar en problemas. NS *51312, (12)

NIEVE: Por su blancura y pureza se asocia a la honradez, concordia, limpieza y seguridad. Nevada en tu casa o negocio, abundancia. NS *59545, (1)

NAVAJA: Ten cuidado de ser expuesto a peleas, Todo lo que tiene que ver con cuchillo, navaja, espadas, etc., son peleas. Si no te cortas solo será una advertencia, si te cortas tendrás que controlar tu carácter impulsivo. NS *51412, (4)

NEGRO: Como color es la parte oscura y hasta cierto punto negativa de nosotros, como la par te mística es también poder. NS *55796, (5)

NAVIDAD: Felicidades y unión relacionado a la familia. Muchas luces y árbol de navidad, crecimiento, mejoría. NS *51499, (1)

NEURONAS: Necesidad de recibir estímulos. Relacionado en ocasiones al sistema nervioso. Descontrol en tu vida. Recomendación, Relájate con cualquier tipo de ejercicios o bien has Yoga, si puedes al air libre. NS *55394, (9)

NEBLINA: Anuncia obstáculos, si el sol aparece y la neblina desaparece, todo pasara. NS *55236, (3)

NIDO: Excelente para los negocios si están los huevos y/o las crías. Vacío, le falta mucho por terminar a tu proyecto. Alguien los destruye o se los comen, cuantiosas pérdidas. NS*5946, (6)

NIÑOS: Son de muy buena suerte verlos en buen estado de salud, si están enfermos son conflictos. Si se ven contentos y jugando son mejorías en la familia. Si el niño es bien pequeño y no sabe caminar y está tratando de dar sus primeros pasos y se cae tratando de caminar estás en un proyecto difícil. NS *59561, (8)

NOCHE: Como siempre la oscuridad es de mal presagio. NS *56385, (9)

NOTARIO: Tendrás en tus hombros la responsabilidad de otras personas si tú eres el notario. Si es otro, tendrás problemas relacionados a documentos, lee bien lo que te den y no firmes hasta

Los Sueños y Usted

estar seguro(a) de lo que estas firmando. NS *56216, (2)

NUBES: Paz interna, refleja un soñador que sueña despierto, proyección hacia nuestro futuro, manera cómo vamos a llegar hacia el objetivo, aunque a veces refleja que debemos poner los pies en la tierra.
NS *53251, (7)

NUECES: Deseo pronto en realizarse. Nueces en un árbol, felicidad en la familia. NS *53536, (4)

NUEVE: Culminación del proyecto que nos hayamos forjado, realización. NS*53545, (4)

NÚMEROS: Persona práctica y calculadora. Es la creación de todo, el inicio, todo necesita número, igual si vemos símbolos de la misma figura se deben de sumar o personas todas iguales, normalmente se cuenta como la numerología, individualmente, no en números pares y no se debe de pasar del número nueve. NS *53456, (5)

-Uno: Simboliza la creación, es el primer número "como el comienzo, el inicio de algo o de un proyecto que vamos a hacer", número dotado de fuerza. NS*356, (5)

-Dos: Son las almas gemelas, las cosas parecidas lo que es el par de todo o la pareja. NS*461, (11)

-Tres: Es lo impar, es como alguna ciencia, dicen el número perfecto, pero también significa un conflicto que puede resolverlo una tercera persona; como decir una arbitración y también puede representar lo opuesto. Infidelidad, una tercera persona en la parte negativa. NS*2931, (6)

-Cuatro: Es lo más estable, como una mesa que tiene cuatro patas es más difícil que nos caigamos, representa la estabilidad, cuando vemos 4 objetos iguales o sueñas con el número 4. NS*33126, (6)

-Cinco: Número impar representa en sí un número de suerte para algunos y para otros no, por eso tenemos que ir a la numerología y revisar si nuestra fecha de nacimiento da impar o par, si es par, no pega contigo, si es impar, es un número de suerte. Al igual si eres hombre, ya que es un número masculino o con tu signo zodiacal masculino. NS*39536, (8)

Letra O

OASIS: Tienes amigos leales. NS *61191, (9)

OBESO: Si te ves obeso y no lo eres es mala suerte, lo que se ve en el sueño hermoso un poco gordo, prosperidad; pero demasiado es tener la autoestima bien baja, no quererse. NS*62516, (2)

OBRERO: Si es en la construcción, crecimiento de un proyecto. En la agricultura, ingresos residuales. Despedir, contrariedades. NS *62956, (8)

OBSTÁCULO: Sueno de advertencia de dificultades. Si los vences así será de lo contrario busca ayuda para resolverlo. Donde se dio el obstáculo en el sueño es importante ya que si fue en tu oficina es relacionado a tu trabajo. Hogar, familia, etc. NS*62127, (9)

OCÉANO: (Ver mar). NS*63512, (8)

OCHO: Doblemente estable, infinito. NS *6386, (5)

OCULISTA: Te están vigilando si visitas al oculista, como también necesidad que alguien te ayude a resolver tus problemas. NS *63334, (1)

Los Sueños y Usted

OFICINA: Si tienes problemas, preocupación tanto relacionado a lo laboral como amoroso. Oficina de correos, cambios positivos e inesperados, posible cambio de casa. NS*66396, (3)

OJOS: Representan nuestro yo interno, lo que pensamos y queremos hacer, dice todo de nosotros el contacto con nuestra alma. En buenas condiciones, estás claro de lo que quieres. Ojos que ven turbio, no estás tan claro de las cosas o de la vida si no usas anteojos en tu vida despierto. Si por el contrario usas anteojos y te ves con ellos y ves claro, excelente señal, si no ves bien, necesidad de buscar ayuda de alguien. Los ojos representan también la familia. Bizco: tendrás que esforzarte por conseguir dinero. Ojos rojos, conflictos de un familiar. Secreción de un ojo, enfermedad. NS *6161, (5)

OLAS: Si son normales como siempre se ven en el mar es sueño afortunado, si están muy fuertes y altas con tendencia a destruir, son conflictos, sean pasionales, si estás tú en el mar en un bote, lancha, etc. Si sólo lo ves de lejos los problemas son de diversas cosas. Si las olas son gigantes, que destruyen un pueblo, grandes problemas económicos. NS *6311, (11)

OLORES: Olor agradable, paz, armonía. Mal olor, temor de no ser aceptado. Mal aliento, cuida lo que dices, posiblemente se te va mucho la boca, verifica si has dicho alguna grosería a alguien el cual te avergüenza. También puedes estar mal de olores y tu nariz lo percibe, en este caso, no lo interpretes.

NS *63696, (3)

OPERACIÓN: Depende que nos operen será el problema que debemos de atacar. Corazón, mal de amores, hay que cortar esa relación, obvio antes revísate que no estés teniendo algún problema de salud ya que es también un mensaje de tu salud. *67596, (6).

OREJAS: Es más en la mujer ya que somos más auditivas. Relacionado la parte sensual y deseos. Si mostramos las orejas, deseamos ser vistas.

NS *69512, (5)

ÓRGANO SEXUAL: Saludables es de buena suerte. Deformes problemas en la familia, si es de una mujer se refiere a hijos virtuosos. De un hombre vergüenza, problemas en los ovarios, te duelen, enfermedad tuya o de un hijo. Exhibirlos públicamente, ten cuidado, te quieren hacer daño, cuida tus acciones. NS *69712, (7)

Los Sueños y Usted

ORO: Metal precioso que nivela tu personalidad. Necesidad de poder y ambición color del sol. Si tienes algo de oro puesto como parte de tu atuendo, suerte en la vida. NS *696, (21)

ORQUESTA: Buen augurio soñar con sonidos de instrumentos como una orquesta musical. Personas espirituales, pero si no lo eres, es un deseo de estar más en contacto con lo espiritual. NS *69839, (8)

OSCURIDAD: No estamos claro de lo que queremos o nos ven así, son conflictos por venir.
NS *61339, (4).

OSO: Si el oso te ataca y ganas, saldrás victorioso de lo contrario enfrentaras contrariedades.
NS *616, (4)

OVEJA: Te has planificado y ahora recogerás tus frutos gracias a tu planificación y organización. Venderlas, perdidas.
NS *64511, (8)

Letra P

Los Sueños y Usted

PADRES: Refleja que debemos reparar problemas pasados o necesitamos conectamos más con ellos. Si están distanciados, no necesariamente porque no se hablen sino por la distancia. Recuerdos placenteros.
NS *71496, (9)

PASADO: Es muy común sonar con la casa de tu infancia la interpretación dependerá de cómo fue tu infancia y esta relacionado a tus emociones. Denota melancolía, recuerdos, deseos. Pueden ser conflictos que debas de sanar si viviste algo tormentoso. Recomiendo ir atrás en tiempo en pensamiento y sanar esa herida pidiéndote perdón o perdonando a quien te allá causado daño para poder avanzar sin cargas del pasado. NS *71111, (11)

PARAÍSO: Verte dentro, estás viviendo momentos agradables y harmonioso en varios aspectos de tu vida, pero si este no es tu caso, te están diciendo que busques la felicidad interna, lee libros de auto ayuda.
NS *71917, (7)

PAREJA: Si ves que él/ella besa a alguien siempre y cuando no la(o) conozcas no te preocupes. Si el sueño es recurrente acerca de tu pareja entonces analiza su comportamiento. NS *71952, (6)

PASILLO: Proximidad de problemas, si el pasillo es bien angosto, si sales de él y hay visibilidad. Saldrás bien de todo y el conflicto ni siquiera te tocará.
NS *71193, (3)

PERDER EL TRABAJO: Es muy común tener este tipo de sueño, ya que el estrés laboral que existe, las noticias, periódicos, etc. contribuyen. Por lo general no significa que lo perderás, pero que si te preocupa. Si no has pensado en el asunto podrías no estar haciendo bien tu trabajo y en ese caso es un aviso. NS *75945, (3)

PLANOS: Tienes carácter de líder o estás trabajando hacia eso. Planos de Bosques, Calculador(a), tienes todo bajo control. Planos de un tesoro, estas en un proyecto que deseas o quieres difícil de conseguir.
NS *73157, (5)

PIES: Es la balanza y estabilidad, la parte religiosa de nosotros. Si están lastimados alguien te quiere humillar. Fracturado, pérdida, sea de dinero como de un familiar o amigo muy cercano; descalzo, humildad.
NS *7951, (4)

Los Sueños y Usted

PELEAS: Por lo general cuando tenemos un conflicto entre nosotros mismos entre lo que queremos y hacemos, es opuesto y diferente, se refleja en peleas.
NS *75352, (4)

PERCHA: Ya estás listo para nuevas obligaciones como, nuevo trabajo, abrir tu propio negocio, casarte, tener hijos. Un armario sin perchas, temor a adquirir responsabilidades. MS*75939, (6)

PÉRDIDA DE LOS DIENTES: Muchas personas tienen diferentes maneras, depende de las circunstancias que se esté viviendo. 1. Los dientes de adelante son la familia más cercana y los de atrás con primos, abuelos, segunda familia. 2. Si duele entonces vas a perder a alguien de tu familia, si no te duele entonces es un familiar lejano o de edad. También relacionado a tu salud o a la de algún familiar.
NS *75944, (2)

PERRO: El perro te puede representar alguien querido. También te representa que alguien no te está siendo fiel. NS *75996, (9)

PESADILLAS: Son consecuencia a diversos factores (ver capítulo de pesadillas). NS *75113, (3)

PESCAR: Proximidad de dinero o ascenso. Si el pez es muy grande temor. NS *75131, (12)

PERSECUCIÓN: (ver pesadillas). Proximidad de conflictos, huimos de la realidad o de algo. NS *75917, (2)

PIOJO: Que están en tu cabeza y te pican, numerosos pequeños problemas. Que los matas, saldrás con éxito de tus asuntos laborales, proximidad de dinero. Otras personas, tienes simpatía por los demás hacia sus problemas. NS *79616, (2)

PIRAÑA(S): Inquietud, problemas internos. Muchas mordiéndote, remordimientos que te quitan tu quietud.

NS *79916, (5)

POLICÍA: Si viene a ayudarte es de buena suerte, ya que alguien te ayudará a salir airoso de un problema o conflicto, si eres tú el agresor y te viene a arrestar cuídate de malos actos. NS *76394, (11)

POZOS: Temor de caer en la Vida. "Si es un hombre", su esposa le puede estar causando ciertos problemas, riñas en su casa. El pozo es un espacio vacío, todo espacio vacío refleja conflictos y problemas. Si cae y no te pasa nada resolverás tu problema con dificultad. Si

Los Sueños y Usted

nunca llegas al fondo te costará darte cuenta quien te está causando problemas. NS *76861, (1)

PRÉSTAMO: Para unos es bueno como es el caso de un préstamo para la compra de una casa, les refleja organización, crecimiento. Préstamo para cubrir tus gastos, te sientes ahogado(a). Ya has perdido la fe en ti y tus posibilidades. NS *79514, (8)

PUENTE: Es el paso hacia otras vías y formas, nuevos acontecimientos, signo positivo, si lo cruzas. Si no lo cruzas quítate ese temor y falta de confianza en ti mismo. NS *73557, (9)

PUERTO: Para aquellas personas que son exitosas, que se sienten realizado(a)s, representa un cierre de una etapa y comienzo de una nueva meta que será a la vez muy fructífera. Si en cambio no te has realizado, el puerto te representa tu pasado melancólico con un futuro prometedor. NS *73598, (5)

PULGA(S): Que te chupan la sangre, debilidad relacionada a tu salud, aliméntate mejor. NS*73371, (3)

PÚRPURA: Color de realeza, riqueza y amor. NS *73974, (3)

Letra Q

Los Sueños y Usted

QUEBRADURA: Todo lo que tenga que ver con quebrarse, ya sea tu cuerpo como objeto presagian problemas de todo tipo. Es bueno revisar que se quebró e ir al objeto ya que es un significado compuesto. Ejemplo: algún mueble de tu casa, peleas caseras. NS *83529, (9)

QUEJA: Negatividad, asociado a personas negativas o tu estas siéndolo. NS *83511, (9)

QUEMARSE: Es un sueño contrario ya que se relaciona a nuevas y buenas relaciones. Posible cambio positivo. NS *83547, (9)

QUESO: Bueno y malo según el tipo de queso si es dulce es bueno, amargo o dañado, preocupaciones por acciones no analizadas. NS *83516, (5)

QUISTE: Preocupaciones. NS *83917, (1)

Letra R

Los Sueños y Usted

RAMA: Todo lo que tenga que ver con árboles, naturaleza, crecimiento en lo que tus intereses estén enfocados en este momento. NS *9141, (6)

RANA: Ya que salta es éxito, ascenso. NS *9151, (7)

RATA: Si es blanca todo saldrá bien y tendrás éxito en los proyectos trazados, y si es café, posiblemente encontrarás dificultades y un posible enemigo; más de una rata, el problema es mayor de lo que te imaginas y posiblemente esté fuera de tus manos. Novios, un rival se avecina. NS *9121, (4)

-*Rata muerta*: El problema se resuelve, no es tan grande, ya que los vencen. Negativo: Nace un nuevo problema. Depende del durmiente, a que se dedica y en qué posición está en la vida. Si es empresario(a) un proyecto grande se avecina y tienes que poner de tu empeño y si lo haces nacerá algo más grande de lo que imaginas. Ama de casa problemas que se resolverán para tu esposo o hijos. Proyectos cumplidos o sin cumplir dependiendo de la persona. Si una está muerta y la otra no, uno se resuelve y el otro no. Estás en dos proyectos diferentes, trabajos, circunstancias.

RASTRILLO: Persona trabajador(a), te gusta estar en contacto con la naturaleza y quieres tranquilidad. Recomendación, planta alguna planta o árbol te ayudara más de lo que te imaginas. Si esta es tu profesión será muy común este sueño. NS *91133, (8)

RATONES: Dificultades con amigos o socios. Un gato que mata a un ratón, saldrás victorioso sobre quienes te causen o deseen un mal. Si están atrapados por una trampa, la gente hablará mal de ti. Y si un perro atrapa o caza a un ratón, se acabarán tus problemas. NS *91262, (2)

RAYO: Recompensa inesperada. NS *9176, (5)

RECURRENTE: (Ver sueños recurrentes).
NS *95338, (1)

RELOJ: Si es de pulsera, puede significar una pérdida monetaria y en los negocios, depende de la circunstancia, comprar un reloj de pulsera, paz y alegría. Que te lo quieren robar y no te lo roban te enfrentas al problema, tendrás pérdida en los negocios, pero lo recuperarás. Si le regalan a una joven posible proposición matrimonial. Si escuchas cuando el reloj da la hora, bueno y positivo, vida tranquila.

Reloj de pared, si lo compras buenas noticias para el ámbito de los negocios; si se para estarás fuera de una enfermedad. NS *95361, (6).

Los Sueños y Usted

REMOLACHA: Relacionado a varios factores tienes que hacerte la pregunta. ¿En qué área de mi salud o ideales? Salud, cuidarte. Ideales, Eres fiel a tus ideas y necesitas estar claro que la vida es un regalo. NS *95467, (4)

RÍO: Los ríos son como las diferentes épocas de nuestra vida, como decir las corrientes en el rumbo que va corriendo el rio. Si nadas contra la corriente y no puedes llegar a donde quieres, no puedes ir en contra del problema, lo más inteligente es enfrentar ese problema aunque no te guste. Si vas con la corriente así está toda tu Vida, a tu favor. NS *996, (6)

RIVAL: Enfrentarás ciertos conflictos, si tienes una rival. Si no, son problemas familiares con tu pareja. Si tienes rival entonces debes enfrentarla(o), hazle preguntas para poder descifrar incógnitas, que le podrás sacar provecho. NS *99413, (8)

RISOS: Si tienes el cabello liso y apareces con risos, deseos de rebeldía. Si eres de cabello crespo, es un sueño sin ningún significado. NS *99161, (8)

ROBO: Sueño de advertencia, revise bien su casa o negocio por posible robo. Alguien anhela lo que tú tienes. Si eres el que roba no desees lo que no es tuyo. Envidia. NS*9626, (5)

RODILLA: Si están saludables solo mostrándola es buena suerte, pero si se lastiman o rompen, desgracia financiera. NS *96497, (3)

ROJO: Color dominante, bajas pasiones, amor profundo, si es claro es afecto por alguien, oscuro violencia, carácter fuerte, pasiones violentas.
NS *9616, (4)

ROMPER UN VASO: En el cual tenía hielo adentro, puede representar muerte de alguien de la familia. Así como representa la salud de los seres más queridos.
NS *96475, (4)

ROPA: Entre menos ropa mejor, y desnudos mucho mejor. Si tenemos demasiada ropa tenemos demasiada carga en nosotros. Ropa sucia hay que limpiar lo malo a nuestro alrededor, comenzando con nosotros mismos por dentro. NS *9671, (5)

ROSTRO: Recuerda la expresión ya que, si el rostro esta alegre así será tu resultado o triste, se refiere a la expresión. NS *96126, (6)

ROSADO: Amor por nuestros hijos, familia, tranquilidad, color de la estabilidad y calma.
NS *96111, (9)

Los Sueños y Usted

RUINAS: Es todo lo contrario, avecina dinero y seguridad. NS *93952, (1)

RULOS: Personalidad cambiante un poco quizás complicada. Si los ves en otra persona, deseas un giro y cambios en tu vida. Si eres peluquero de profesión no significa nada. NS *93361, (4)

Letra S

Los Sueños y Usted

S: Letra, poder, Trasmutación, cambios a tu favor. Renovación de tu vida y/o de alguien de tu familia. Si la letra S aparece en el cielo, poder divino, recibirás un milagro y/o cumplimiento de uno. NS* (1)

SÁBANA: Dependerá del color de la sabana, ver a colores. Si te regalan es bueno. Sucias, pérdidas económicas. NS *11217, (3)

SABIO(a): Soñar con una persona que sabemos que es sabio(a) representa nuestra necesidad no solo de aprender y recibir información como consejos ya que estarás pasando en corto tiempo si es que no lo estas ya en alguna encrucijada y tendrás que tomar decisiones sabias. Recomendación, busca personas que sepan sobre el tema el cual necesitas tomar esa decisión. NS *11296, (1)

SAL: Buenas épocas. NS *113, (5)

SANATORIO: Evita estar con negocios el cual te tratan de manipulando. Toma tus propias decisiones sin que te sientas obligado. NS *11515, (4)

SALÓN: Pronto tendrás cambios y tendrás que tomar una o más decisiones, si el salón es gran dé; salón vacío, abandono, te sientes así. NS *11365, (7)

SALÓN DE BELLEZA: No es de tan buena suerte verte en un salón de belleza, si te están cortando el cabello posibles pérdidas materiales. Si tú eres peluquero es de buena señal y prosperidad. NS*79765, (7)

SALTAMONTES: Éxito. NS *11326, (4)

SALTAR: Ascenso, mejores épocas. Si lo que saltas son obstáculos, ya sea solo o con un caballo es la representación de la vida, saldrás bien de cada obstáculo que se te presente si no te caes de lo contrario será lo opuesto. NS *113219, (8)

SAMURAI: Ser tu un Samurái, te sacrificas por tus seres queridos y ellos ven en ti una persona con valores positivos. Verlo, deseo de tener nobleza y de que te sean fieles. NS *11431, (1)

SANDALIA: Te sientes libre. Si no te sientes así entonces lo deseas, libérate. NS *11545, (7)

SANGRE: La interpretación dependerá de cómo se da el sueño. ¿Que representa para ti la sangre? Si te da miedo, representa un resultado negativo en tu salud y estado anímico en general. Positivo, bueno en varios aspectos incluyendo en el amor. Desangrarse, fatiga.

SANTA CLAUS: Fantasía y deseo en los niños bien pequeños que creen en Santa Claus. NS *11521, (1)

SAPO: Depende lo que el sapo te represente ya sea bueno o repugnancia así será tu interpretación. Saltando, ascenso. Sapo venenoso, conflictos. Besarlo, necesidad de buscar tu verdadero amor al estilo de los cuentos de Ada. NS *1176, (6)

SECRETO: mantenerlos y no divulgarlos, representas confiabilidad, asociado a la vez con ser un poco introvertido. Divulgarlos, la gente y/o amigos no confían más en ti. NS *15398, (8)

SEIS: Número espiritual, simetría la sexta parte del cuerpo, el sexto sentido. NS *1591, (7)

SEPARACIÓN: Si tu matrimonio anda mal, es producto de tu subconsciente, a la vez si has escuchado sobre el tema de otra persona también. Si todo marcha bien en tu matrimonio, simplemente en ocasiones son cargos de conciencia debido a alguna acción que hayas hecho o te sientas culpable. NS *15716, (2)

SERPIENTE: Chismes, problemas que se avecinan, en tu casa como en tu trabajo. Cuídate de habladurías, no hables mal de nadie que alguien lo multiplicará en contra tuya. NS *15978, (9)

-*Serpiente de varias cabezas*: Lo mismo que serpiente pero en complicidad, cuídate más, alguien planea un plan bien hecho, tienes que tratar de matarla en el sueño.

SEXO: Sueño bastante común. Si tenemos sexo con alguien del mismo sexo se refiere que algo que esa persona tiene nos interesa o admiramos, si es con la familia no lo tomes a mal, acercamiento a ese ser querido de tu familia. Si es una mujer y la persona con quien estás, te gusta es posible cumplimiento de tus deseos. Si es un hombre que sea correspondido es inmediato cumplimiento de lo contrario son pasiones bajas no cumplidas. NS*1566, (9)

SOL: Es masculino, lo superior. Si el sol se ve que traspasa las nubes y sientes un sentimiento de paz y tranquilidad tus problemas se resolverán. Sol es éxito en cualquier asunto, ya sea de trabajo como sentimentales. Si es una mujer embarazada o próxima a embarazarse tendrá un hijo varón. NS*163, (1).

SUBIR: (Ver escalar). NS *13299, (6)

Los Sueños y Usted

SUCIEDAD: Sentimiento de culpa si nos vemos sucios o posible enfermedad, si es otra persona la sucia, vendrán conflictos. Lavar la ropa sucia, tratarás de resolver el problema. NS*13395, (3)

SUPERHÉROE: Superman, Poder, realización, visión. Hombre Araña, poder asociado a grandes responsabilidades, es tiempo de crecer. NS *13756, (4)

SÚPER PODERES: Tienes una auto estima alta. Si este no es tu caso, te avisan que estas cerca de lograrlo y que trabajes en eso. Inmortal, poder, deseo de tener una vida larga. Come sano y has ejercicios. NS*25369, (7)

Letra T

Los Sueños y Usted

TABACO: Muy pronto todos tus problemas se desvanecerán. NS *21219, (6)

TABURETE: Recibirás apoyo de algo o alguien en menor escala. NS *21233, (11)

TAMBOR: anuncio de cambios a tu favor.
NS *21426, (6)

TEMOR: Si él lo enfrentas y llegas a descubrir porque tienes ese temor resolverás cualquier cosa que tengas pendiente; derrota si no lo enfrentas y te despiertas con ese temor tendrás un problema que será dificil enfrentado. NS *25469, (8)

TENAZAS: Problemas con personas a tu alrededor.
NS *25511, (5)

TESORO: Pérdida de dinero y al mismo tiempo ganancias multiplicadas, tienes que usar la cabeza para encontrarlo. NS *25166, (2)

TOMAR AGUA: Próximo matrimonio, te compro meterás. Si el agua es limpia serás feliz de lo contrario sufrirás. NS *26419, (4)

Ivania Alvarado

TIBURÓN: Resolverás y saldrás bien de un problema, si te muerde o te rasga, ciertos conflictos se avecinan pero saldrás adelante. NS *19232, (8)

TIGRE: Se refiere a obstáculos. Si éste te persigue y te ataca, pérdida de dinero. Escuchar el rugir del tigre y te da miedo, temor de caer. NS *29795, (5)

TOCADISCOS: Estas inquieta o eres una persona bien activa. Necesidad de estar más cerca de la familia si te sientas en el sueño a escucharlo con calma.
NS *26315, (8)

TORNADO: Conflictos a tu alrededor, dependiendo como sea el sueño lo resolverás. Si el tornado destruyó un pueblo, pérdida de ciertos empleados y amigos, si el tornado viene hacia ti y de repente se va queda todo calmado, resolverás con astucia e inteligencia tus asuntos persona les y de trabajo. NS *26952, (6)

TORO: Para los hombres, es relacionado a lo sexual, virilidad, potencia, atrevimiento. Para mujeres, aventuras amorosas. NS *2696, (5)

TORTUGA: Personalidad frágil con apariencia de fortaleza por fuera para algunos si tu carácter es explosivo. Para otros, tomas mucho tiempo en tomar decisiones importantes, pero si esa no es tu personalidad, tu sueño te está advirtiendo que adoptes ese comportamiento. NS *26238, (3)

TRÉBOL: Favorable en todos los aspectos, revisa en tu vida en que estas usando más tu tiempo y allí será.
NS *29529, (9)

TREN: Cambios en tu vida si el viaje es placentero, será positivo tu camino, si es un viaje solo te alejarás de la familia, siempre y cuando el viaje sea corto. Viajar con la familia unión familiar placentera.
NS *2955, (3)

TORMENTA: Cambios emocionales que se solucionaran con tu empeño. NS *26944, (7)

TORTURA: Esta angustiada(o) por algo que no te deja concentrarte y te maltratas tú mismo. Si es alguien que tú conoces que te esta torturando, es importante que representa esta persona en tu vida, si es tu pareja, estas en una relación toxica. Hijo, problemas familiares. NS *26924, (5)

TSUNAMI: Anuncia problemas relacionados a cargas mayores de las que tu no estás acostumbrado, toma tranquilidad de tus asuntos ya que podrías caer en un estrés. NS *21355, (7)

TÚNEL: Si es estrecho y oscuro y no sales de él te será dificultoso resolver tus problemas. Si en el túnel hay luz, es amplio y sales de él, saldrás bien de un asunto legal. NS *23553, (9)

TRES: (Ver número) Lo impar, la tercera persona, infidelidad. NS *2951, (8)

Letra U

UBRE: Llenas de leche, Riqueza, crecimiento. Vacías, te tomara más trabajo e inversión ver tu retorno.
NS *3295, (1)

ULCERA: Problemas relacionado a lo sentimental.
NS *33351, (6)

UNO: (Ver número) Número de todo comienzo, egoísmo. Número masculino, individualidad.
NS *356, (5)

UNIFORME: Si es un uniforme militar, dignidad y orgullo por su patria. Uniforme cualquiera posible ascenso. NS *35966, (2)

UNIVERSIDAD: Has llegado a un paso lejos en tu vida y tus estudios y aspiraciones cumplidos así como buenos amigos. NS *35946, (1)

UNIVERSO: Éxito. Si cae fuego, meteoritos del universo, catástrofe. La manera en cómo te sientes cuando suenas y cuando te despiertas es importante para tu interpretación. Si te sientes bien es positivo y denota fortuna ilimitada. NS *35943, (6)

UÑAS: Éxito, ya sean de las manos o de los pies, si las cortas feas, mal cortadas tendrás problemas y te

Los Sueños y Usted

desestabilizaras, si son las de los pies, si las cortas normal y no muy cortas te irá bien. NS *3511, (1)

UVAS: Señal de prosperidad y riqueza. Uvas blancas, buena señal, especialmente para los enfermos, uvas negras, desestabilización, mal uso de dinero y de otras cosas. NS *3411, (9)

Letra V

Los Sueños y Usted

VACA: Soñarlas gordas y hermosas es prosperidad, vendrán mejores épocas. Lo opuesto, significa escasez, pérdida económica, miseria. NS *4135, (4)

VALLE: Si entramos al valle y no salimos, son problemas, si salimos de él resolución. Al mismo tiempo es la necesidad de encontrarnos nosotros mismos con la naturaleza, siempre y cuando sea de día. NS *41335, (7)

VASO: Vacíos: muchas cuentas por pagar y muchos proyectos, indecisiones. Es de buen signo si el vaso está limpio, si es de cristal y vez el agua clara, estás tomando decisiones claras. Si por el contrario, el vaso y el agua están sucios, es enfermedad. Si un enfermo lo sueña, posible muerte del soñador. NS *4116, (3)

VENDER: Depende si vendes más caro, éxito en los negocios. Vender por debajo del precio, tendrás problemas económicos, se prudente en tus gastos.
NS *45545, (5)

VERDE: Color de la naturaleza, verde pino, maldad, amenaza; verde claro, proximidad de dinero. Riqueza.
NS *45945, (9)

VERDURAS: Si están verdes y en buen estado, perseverancia en tu trabajo. Tiempos difíciles, pero vendrán mejores con tu arduo trabajo. NS *45945, (9)

VIAJE: Cambios en tu vida según como sea tu sueño y como te sientas cuando te levantes, si te fue bien tendrás un cambio positivo, si eres pobre serás rico, si eres soltero encontrarás a la persona amada, si por el contrario el viaje no fue bueno, entonces será un cambio negativo, cuídate de especulaciones y cambios drásticos, cuida tu temperamento. Viajar con niños, felicidad. NS *49115, (2)

VIAJAR A LA LUNA: Grandes ambiciones. Al espacio, deseo de salir de lo que te estresa. A lugares despierticos, disfrutas mucho de tu soledad, pero si ese no es tu caso, revela que tomes un tiempo sabático para reorganizar tu vida y sacar proyectos que por falta de tiempo no habías realizado. NS *49119, (6)

VIENTO: Mejores épocas, noticias favorables. Caminar contra el viento cuando está soplando fuerte, y llegas a tu destino, éxito con tus adversarios.
NS *49558, (4)

VIRGEN: De significados diversos, depende de las circunstancias. Virgen de espalda, estás haciendo algo indebido que tus familiares están en desacuerdo; virgen como imagen o de frente, sueño afortunado, fe.

VIOLACIÓN: Sueño de advertencia solamente para las jóvenes que todavía son vírgenes, cuídate de un hombre mal intencionado, te rondará alguien con malas intenciones, que no merece tu amor, decepción. Para quien no es jovencita, ya sea hombre o mujer, prosperidad. NS *49637, (11)

VOLAR: Sueño afortunado representa ambición, prosperidad, no tiene límites. Si se vuela sin ningún artefacto, tus ambiciones no tienen límites. Si es una persona que trabaja para otro, un ascenso en tu trabajo. Si eres negociante, un proyecto te dará grandes ganancias. Si en el vuelo te caes, tus esfuerzos se irán, si sales ileso de la caída, tendrás tus dificultades por alcanzar lo propuesto pero llegarás. NS *46319, (5)

Letra W

Los Sueños y Usted

WAFLE: Satisfacciones especialmente si ves niños comiendo y poniéndole la miel. NS *51635, (2)

WAJIRO: Necesidad de estar más con la naturaleza, el campo y escapar de todo lo superficial. NS*51196, (4)

WASHINGTON: Poder, ambición, si te encuentras en ciudades grandes siempre y cuando estén bien, no destruidas. Si recorres la ciudad tus ambiciones serán cumplidas. NS *51189, (6)

WEB: Ver o revisar una página web, deseos de comunicación ya sea con amigos o amorosos.
NS*552, (3)

WHISKY: Posibles males de salud, ciertas dificultades, no prestes dinero, te costará pagarlos por un tiempo. Ofrecerle whisky a la persona amada se realizarán juntos. NS *58919, (5)

Letra X

Los Sueños y Usted

X: Como símbolo o letra, representa que estamos cruzados, ya sean eventos, circunstancias o personas en tu vida. Todavía faltan cosas por resolver. NS* (8)

XBOX: Relacionado a manipulación ya sea de tu parte o que te sientes manipulado(a). NS *6266, (2)

XFINITY: Amplitud y a la vez reprensión dependiendo de si tienes pocos o muchos canales en tu sueño. NS *66959, (8)

Letra Y

Los Sueños y Usted

YATE: Igual que lancha o bote, si el mar está bien, o sea en calma, tus ambiciones serán cumplidas, de lo contrario decepción amorosa. NS *7125, (6)

YEGUA: Resulta el mismo significado que caballo. Usualmente depende también del color del caballo/Yegua. Blanco, noticias favorables. Gris, obstáculos. NS *75731, (5)

YESO: Has estado un poco hiperactivo y necesitas estar más descansado. Si el yeso es blanco saldrás bien de los problemitas en que andas. Yeso en el pie, necesidad de meditar. NS *7516, (1)

YOGA: Tranquilidad, estabilidad, respeto y control, si te ves haciendo Yoga con facilidad. No poder realizar el ejercicio por cualquier problema como flexibilidad, estas siendo inflexible y temes abrirte a nuevos horizontes. NS *7671, (21)

YUNQUE: Prosperidad y trabajo por la consecutividad y paciencia. Si no están ruidosos, abnegación. NS *73588, (4)

Letra Z

Los Sueños y Usted

ZAFIRO: Poderío, integridad, y remedio hacia cualesquier mal. NS *81696, (3)

ZANAHORIA: Si la tienes en tu mano derecha saldrás de cualquier aprieto, comerla, herencia.
NS *81516, (3)

ZANJA: Este tipo de sueno representa obstáculos. Caer en una zanjar representa problemas. Salir ileso te recuperaras muy pronto. Estar entre una zanja o verla, pero no caer, opciones y posibilidades. Si eres tu quien cava la zanja podrás estar a punto de descubrir algún secreto. NS *81511, (7)

ZAPATOS: Nuevos: Proyectos nuevos que tienen buenas alternativas; limpios: éxito; sucios: enfermedades, conflictos; rotos: desbalance económico, pobreza; descalzo: sumisión y/o éxito. NS *81719, (8)

ZEBRA: Bueno y malo. Ósea estas pasando momentos en tu vida que no sabes qué decisión es mejor especialmente si se relaciona a escoger una pareja. NS *85291, (7)

ZOOLÓGICO: Es afortunado visitar uno. Ver estos animales fuera del zoológico no es bueno. NS *86634, (9)

ZORRO: Saldrá un rival, ya sea en tu vida sentimental o de negocio. Si está muerto, lo vencerás. NS *86996, (11)

ZUMBA: Sueño relacionado a la actividad social. Deseas relacionarte mas y no de ser desapercibida.
NS *83521, (1)

ZURCIR: Amistades nuevas y buenas. Ponerte ropa zurcida tus problemas económicos empeoraran. Otro(a)s habladurías.
NS *86939, (8)

La Autora
Ivania Alvarado

Ivania Alvarado

Nací en Managua, Nicaragua, soy la mayor de tres hermanos, creo en las cinco posiciones universales; uno Dios, dos yo, tres la familia, cuatro mi profesión, cinco placeres positivos.

Enfoqué todo mi esfuerzo a los estudios graduándome de varias licenciaturas y Certificados: Bienes Raíces, Préstamos Hipotecarios, Real Estate/ Bróker, Agente de Seguros, hipnosis, Business Specialist-General Business, entre otros estudios. Graduada de Supervision and Management-Accounting Concentration.

Cuando cumplí los 24 años me lance hacia el trabajo empresarial, teniendo mi primera corporación en Estados Unidos, conduciendo una escuela de Real Estate, una agencia de seguros, y una Compañía de

Los Sueños y Usted

Títulos, que me sirvió para impulsar el camino hacia la literatura, creando el "Manual del Real Estate". Este Libro fue la base fundamental para los seminarios de capacitación en esta profesión.

He tenido una vasta experiencia en lo que se refiere a la educación, promoviendo personas, reclutando, entrenando, asesorando y educando vendedores. La compañía de Real Estate de cinco asociados, bajo mi dirección creció a ciento veinte asociados, graduado en la escuela de South Florida School of Real Estate a más de un millar de estudiantes en la Florida.

En el año 2000, me interese por la parte creativa creando varias patentes, tres inventos; dos son de diseño y uno de utilidad. En el año 2001, reinicié mis cualidades literarias, escribiendo para diversas revistas la sección: "Los Sueños y Usted", llevándome esta actividad a la escritura de mi segundo Libro: "Los Sueños y Usted."

El año 2004, me inspire en la música creando el "CD" de música lírica, compuesto con mucho cuidado y dedicación. El tema de la interpretación de los sueños me llevó a la locución creando el programa de radio y televisión.

Mis logros más lucrativos espiritualmente son la gran ayuda que prestó a instituciones religiosas que ayudan a Homeless, La de la Madre Teresa de Calcuta, viejitos, enfermos, adictos.

Ivania Alvarado

En el año 2016 me inicie como cantautora con el álbum "Los Sueños y Usted" a la venta en Amazon y ITunes y estoy en proceso de ofrecerles nuevas obras, tanto editoriales como musicales.

IvaniaAlvarado.com y www.sfsre.net.

Diario de los Sueños su utilidad

Ivania Alvarado

Deseo que este diario sea de utilidad para que puedas lograr aprender y practicar por ti mismo la interpretación de tus sueños.

Es un diario de 7 días para que inicies tus propias interpretaciones, creando así un hábito positivo.

Si por alguna razón no recuerdas tu sueño, puedes empezar por escribir cómo te sientes al despertar y describe en la parte de sueños cómo te concibes, ese es el primer paso para recordar, es un ejercicio que a medida que lo practicas iras aprendiendo.

Recuerda que hay muchas razones por las cuales llevar un diario de tus sueños es importante:

- ✓ Puedes tener una idea millonaria.
- ✓ Tendrás una mejor conexión contigo misma/o.
- ✓ Te conocerás mejor.
- ✓ Tú consiente y subconsciente se alinearán con más facilidad al encararse ambos.
- ✓ Podrás reparar heridas del pasado
- ✓ Descifraras mensajes.
- ✓ Tus sueños siempre trabajan a tu favor, hazlos trabajar para ti.
- ✓ Incentiva la memoria.

Los Sueños y Usted

- ✓ Te divierte.
- ✓ Sera algo más para compartir con tus amistades, familia, etc.
- ✓ A algunos les sirve de terapia.
- ✓ Advertencias de cualquier adversidad.
- ✓ Incrementa tu creatividad.
- ✓ Puedes evaluar tus sentimientos.
- ✓ Es un ejercicio para tu mente.
- ✓ Y mucho más....

Secretos para que tu diario de los sueños sea exitoso

- ✓ Titula tu sueño, trata de que coincida y describa en pocas palabras lo que has soñado, ejemplo: "Soñar con zapatos amarillos".

- ✓ Coloca la fecha exacta del sueño, señala igualmente la hora.

- ✓ Escribe como te sientes al momento de despertar

- ✓ Incluye fotos o dibujos si los tienes, por ejemplo si has soñado con algún familiar fallecido, es fantástico que puedas colocar una foto de esa alma.

- ✓ Describe tus sentimientos y sensaciones y el ambiente durante el sueño, utiliza palabras muy descriptivas, asegúrate de los detalles, llovía, hacia frío, era un día soleado, etc.

- ✓ Describe si el sueño se refiere a situaciones del pasado, o por el contrario es algo futurista.

Los Sueños y Usted

- ✓ Trata de recordar los diálogos o si escuchaste o crees haber escuchado voces con mensajes o te comunicaban algo en especial.

- ✓ Describe las personas en el sueño, si eran familiares, amigos o si por el contrario eran desconocidos.

- ✓ Controla tu mente y antes de dormir realiza pequeños rituales, que te permitan lograr un sueño profundo, reparador y agradable.

- ✓ Y recuerda, interpretando tus sueños con las herramientas que te he dado, tú puedes hacer tus sueños realidad.

- ✓ Coloca a la mano cerca de tu cama o sillón este libro, una libreta y lápiz, y proponte escribir a diario durante al menos 7 días lo que sueñes.

Ivania Alvarado

Día Nº: Fecha:

Título del sueño:

Descripción:

Ubicación espacio temporal:

Sentimientos:

Personas:

Objetos o Cosas:

Colores:

Números:

Animales:

Posible evento futuro: Sí ☐   No ☐

Acciones:

Notas:

Los Sueños y Usted

Día Nº: Fecha:

Título del sueño:

Descripción:

Ubicación espacio temporal:

Sentimientos:

Personas:

Objetos o Cosas:

Colores:

Números:

Animales:

Posible evento futuro: Si ☐   No ☐

Acciones:

Notas:

Ivania Alvarado

Día N°:   Fecha:

Título del sueño:

Descripción:

Ubicación espacio temporal:

Sentimientos:

Personas:

Objetos o Cosas:

Colores:

Números:

Animales:

Posible evento futuro: Si ☐   No ☐

Acciones:

Notas:

Los Sueños y Usted

Día N°:   Fecha:

Título del sueño:

Descripción:

Ubicación espacio temporal:

Sentimientos:

Personas:

Objetos o Cosas:

Colores:

Números:

Animales:

Posible evento futuro: Si ☐   No ☐

Acciones:

Notas:

Ivania Alvarado

Día N°:					Fecha:
Título del sueño:
Descripción:

Ubicación espacio temporal:
Sentimientos:
Personas:
Objetos o Cosas:
Colores:
Números:
Animales:
Posible evento futuro:	Si ☐ No ☐
Acciones:
Notas:

Los Sueños y Usted

Día N°:   Fecha:

Título del sueño:

Descripción:

Ubicación espacio temporal:

Sentimientos:

Personas:

Objetos o Cosas:

Colores:

Números:

Animales:

Posible evento futuro: Si ☐   No ☐

Acciones:

Notas:

Ivania Alvarado

Día N°:   Fecha:

Título del sueño:

Descripción:

Ubicación espacio temporal:

Sentimientos:

Personas:

Objetos o Cosas:

Colores:

Números:

Animales:

Posible evento futuro: Sí ☐   No ☐

Acciones:

Notas:

www.ingramcontent.com/pod-product-compliance
Lightning Source LLC
Chambersburg PA
CBHW071812080526
44589CB00012B/762